AF155556

Senka Marić

KÖRPER-KINTSUGI

Aus dem Bosnischen von
Marie Alpermann

1. Auflage 2021
© eta Verlag
Alle Rechte vorbehalten

eta Verlag | Petya Lund
Schönhauser Allee 26
10435 Berlin
www.eta-verlag.de
kontakt @ eta-verlag.de

Aus dem Bosnischen übersetzt von
Marie Alpermann
Lektorat: Anne Grunwald
Korrektorat: Anna-Maria Reichardt
Gestaltung & Satz: Stefan Müssigbrodt
Titelfoto: Marco Montalti /Shutterstock
Druck: Oktoberdruck GmbH, Berlin

Gesetzt aus der Moderato (www.moire.info).
Gedruckt auf Munken Print Cream 18.

ISBN 978-3-949249-04-4

eta Verlag

Senka Marić |

KÖRPER-
KINTSUGI

traduki⊤

Die Herausgabe dieses Werks wurde gefördert durch TRADUKI, ein literarisches Netzwerk, dem das Bundesministerium für europäische und internationale Angelegenheiten der Republik Österreich, das Auswärtige Amt der Bundesrepublik Deutschland, die Schweizer Kulturstiftung Pro Helvetia, die Interessengemeinschaft Übersetzerinnen Übersetzer (Literaturhaus Wien) im Auftrag des Bundesministeriums für Kunst, Kultur, öffentlichen Dienst und Sport der Republik Österreich, das Goethe-Institut, die S. Fischer Stiftung, die Slowenische Buchagentur, das Ministerium für Kultur und Medien der Republik Kroatien, das Ministerium für Gesellschaft und Kultur des Fürstentums Liechtenstein, die Kulturstiftung Liechtenstein, das Ministerium für Kultur der Republik Albanien, das Ministerium für Kultur und Information der Republik Serbien, das Ministerium für Kultur Rumäniens, das Ministerium für Bildung, Wissenschaft, Kultur und Sport von Montenegro, die Leipziger Buchmesse, das Ministerium für Kultur der Republik Nordmazedonien und das Ministerium für Kultur der Republik Bulgarien angehören.

Die Übersetzung dieses Buches wurde mit einem Perewest-Stipendium gefördert.

Kintsugi ist eine japanische Kunsttechnik, bei der zerbrochene Keramik mit flüssigem Gold oder Platin repariert wird: Man betont die beschädigten Stellen, weil die Geschichte des Gegenstandes hervorgehoben werden soll, statt sie zu kaschieren, was dem Prinzip des Wabi-Sabi nahesteht, und entdeckt die Schönheit der beschädigten und alten Dinge. Durch das Hervorheben der Schäden und Brüche feiert Kintsugi die einzigartige Geschichte eines jeden Gegenstandes, schenkt ihm neues Leben und eine größere Schönheit, als er anfangs besaß. Kintsugi ist aus dem japanischen Gefühl Mottainai – dem Trauern um Verlorenes – wie auch aus Mushin – dem Akzeptieren von Veränderung – entstanden. Die moderne Kunst experimentiert mit dieser alten Technik und thematisiert damit Ideen des Verlusts, der Synthese und der Verbesserung durch fortlaufende Zerstörung und Erneuerung.

»Aber wer kann sich an Schmerzen erinnern, wenn sie vorbei sind? Alles, was davon bleibt, ist ein Schatten, und nicht einmal in der Erinnerung, sondern im Körper. Der Schmerz zeichnet dich, aber zu tief, als dass du es sehen könntest. Aus den Augen, aus dem Sinn.«

Margaret Atwood[1]

»Außer den Göttern nämlich, wer
Ist alle Zeit des Lebens frei von Ungemach?
Spräche ich von der Pein ... – nichts war,
Worüber wir nicht stöhnten, aller Güter bar.«

Aischylos[2]

---

1 Margaret Atwood: Der Report der Magd, Frankfurt am Main: Fischer 1989, S. 166. Übersetzt aus dem Amerikanischen von Helga Pfetsch.
2 Aischylos: Die Orestie. Stuttgart: Reclam 1958, 1959, 1987, S. 22. Deutsch von Emil Staiger.

Wenn ich die müden Lider schließe, öffnet sich ein reiner weißer Raum
In der Mitte wie ein Baum ein Körper
Aus ihm, aus Rasierklingenschnitten,
quollen Geschichten
Der Körper im Krampf, die Geschichten entspannen, lassen Druck entweichen
Ganz einfach:
Unter dem Blick reißt die Haut und alles Verborgene entfließt ...

Text wie Wasser, ergießt sich in Kreisen um meine verspielten Füße,
formbar wie Teig, ich drücke mit den Fingern hinein,
meine Brüste beben, ich knete, jeden Tag vervollkommne ich das Rezept,
immer neue Zutaten,
es duftet nach Äpfeln und rosa Samtglasur. Glück.
Nicht einen Augenblick vergesse ich, dass mein Körper ewig ist.

Der Sommer 2014 wurde von drei Ereignissen bestimmt.

Am siebzehnten Juni, nur wenige Tage nach dem Nachmittag, den ihr sitzend auf dem Ehebett verbrachtet – in dem ihr seit über einem Jahr nicht mehr gemeinsam geschlafen hattet –, auf die Leere der weißen Wand vor euch starrend, in einer Stille, die nur selten von ein paar müden Worten unterbrochen wurde, verstaute dein Mann seine Kleider in zwei großen Sporttaschen. Die dritte holtest du selbst aus der Abstellkammer, legtest zwei Garnituren Bettwäsche für eine Person hinein, dazu ein Kissen, eine Frotteedecke, drei kleine und zwei große Handtücher. Beim Schließen der Tasche dachtest du an den kommenden Winter. Du gingst zurück in die Abstellkammer, wo du fünf Minuten nach einer großen Tüte suchtest, um die Steppdecke hineinzustopfen. Überall im Flur standen Sachen herum. Ein paar Mal setzte er an, etwas zu sagen. Ließ es jedoch sein, sobald er dich schnaufend mit den Händen in den Hüften dastehen sah. Es gelang ihm, die Tüte und alle drei Taschen auf einmal zu nehmen. Er blickte zu Boden, während er die Wohnung verließ und die Treppe hinunter zum Taxi eilte, das bereits vor der Haustür wartete. Danach saßt du lange, lange allein vor dieser nackten Wand und begriffst langsam, es war kein Gefühl von Leere, das er hinterlassen hatte, bloß das Gefühl von Niederlage.

Am fünfzehnten Juli fing deine linke Schulter an zu schmerzen. Vor allem nachts. Du kannst nicht schlafen, also sitzt du im Bett und weinst. Wie sich herausstellt, ist in der Schulter eine Kalzinose – eine spitze Kalkablagerung, die das umliegende Gewebe verletzt und eine Entzündung hervorgerufen hat. Der Arzt sagt, du könnest nur Schmerztabletten nehmen und warten, bis es vorbeigehe. Doch du hasst Warten. Und du hasst Medikamente. Sie stehen im Widerspruch zu deinem Bedürfnis, alles kontrollieren zu wollen, zu deiner Unfähigkeit, einem Menschen so zu vertrauen, dass du ihn um Hilfe bitten würdest. Du verringerst die Dosis immer weiter. Nimmst die Hälfte von dem, was dir verschrieben wurde. In diesem heißen Juli gibt es in deiner Welt nichts als Schmerz. Wie Staub bedeckt er deine Zeit, die sich weigert zu verstreichen. Du hast dir ein Tuch um den Hals gebunden. Hast deine linke Hand darin eingehängt. Damit sie sich nicht bewegt. Möglichst wenig wehtut. Das Einzige, woran du denkst, ist, dass du stärker bist als der Schmerz. Hartnäckiger als er. *Er wird vorbeigehen – ich bleibe.* Du denkst auch ein bisschen daran, wie unglücklich du doch bist, wie sich seit Jahren schlechte Dinge aneinanderreihen, eines nach dem anderen. Es hört einfach nicht auf. *Liegt es vielleicht an meinem Glauben, ich könne das, ich sei stärker? Wenn ich schrie: »Es reicht!«* *Würde es aufhören?* Würde diese Walze, die alles vor sich zermalmt, von deiner Lebensbahn weichen? Es ist Nacht. Es ist heiß. Die Kinder schlafen. Die perfekte Zeit für dich zu weinen. Zu schreien: *Es reicht! Ich kann nicht mehr!* Doch in deinem tiefsten Inneren glaubst du dir nicht. Du weißt, du kannst noch.

Sechsundzwanzigster August. Es tut ein bisschen weniger weh. Du schaffst es sogar zu schlafen. Du musst sehr vorsichtig sein im Bett. Eine falsche Bewegung genügt und du endest in Agonie. Beim Drehen von der rechten auf die linke Seite fasst du dir, um die Schulter zu fixieren, mit der linken Hand fest unter die rechte Achsel. Ein Teil der Hand liegt auf der rechten Brust. Während du dich nach links drehst, langsam über den Rücken zur linken Seite, gleitet deine Hand zurück. Die im Fleisch vergrabenen Finger rutschen über die rechte Brust.

Und da spürst du ihn. Dort, seitlich, am Rand der Brust, fast neben ihr. Wie ein Kieselstein, der sich im Bikinioberteil versteckt hat.

Du lässt die Hand sinken. Liegst auf dem Rücken. Siehst zur Decke. Den Schmerz in der Schulter spürst du nicht, nur dein Herz im Hals. Du richtest dich im Bett auf und tastest noch einmal. Er ist noch immer da, bewegt sich leicht unter dem Druck deiner Finger. Du nimmst die Hand wieder weg und legst dich auf den Rücken. Du kannst deine Augen nicht schließen. Du blinzelst nicht. Sie sind weit aufgerissen und verschlingen die Decke. Das Haus ändert seine Form und Dimensionen. Es krümmt sich. Schwappt in deine Augen. Mit ihm auch die Stadt, die sie umschließenden Berge, der Fluss, der versucht von ihr wegzufließen, das Meer, Kilometer um Kilometer des Landes, der ganze Kontinent krümmt sich wie eine Tüte heißer, rußiger Maronen, bis nichts mehr übrig bleibt als der tote schwarze Himmel.

Aber ich muss mich geirrt haben!

Du stehst wieder auf und tastest nach der Stelle. Dein Atem erfüllt das Zimmer. Prallt von den Wänden ab. Erhellt die Sommernacht. Der rundliche Knoten weicht unter dem Druck deiner Finger zurück (diese Berührung ist in dein Fingergedächtnis für immer eingebrannt). Die Panik ist Schlamm. Schwappt in deinen Mund. Die Nacht verschlingt dich.

Du beschließt, dieses Bild zu zerschlagen. Wie einen Spiegel, in den ein Stein geworfen wird. Zurück bleibt nur das dumpfe Gefühl, dass dir noch nicht mal richtig bewusst ist, was dir alles genommen wurde.

Dein Atem beruhigt sich. Geht langsam, unhörbar. Du sagst: *Du schläfst jetzt. Denkst an nichts.* Es geht leicht. Deine

Gedanken sind ohnehin viel zu zerstreut. Du befindest dich irgendwo jenseits der Worte, jenseits von Sinn und Bedeutung. Nur deine Haut spürst du deutlich, die Grenze, die ihr euch teilt, du und die Welt. Du schläfst bis zum nächsten Morgen einen Schlaf, der nie absoluter, nie bewusstloser war, um dann festzustellen, dass der kleine Knoten in deiner Brust den Schmerz in der Schulter verdrängt hat.

Wie erzählt man eine Geschichte, die auf der Zunge zerfällt und sich weigert, eine feste Form anzunehmen?

Wusstest du an jenem Tag vor sechzehn Jahren, als deiner Mutter die Diagnose gestellt wurde, dass du Krebs bekommen wirst?

Oder:

Warst du seit jenem Tag vor sechzehn Jahren, als deiner Mutter die Diagnose gestellt wurde, überzeugt, dass du niemals Krebs bekommen wirst?

Beides ist gleichermaßen wahr. Die Pünktchen, die sich nebeneinander anordnen, um den Moment vor so vielen Jahren zu fassen zu kriegen, sind zwei Ketten, die ein perfektes Oval bilden und so die geradlinige Logik der Zeit zerlegen. Zwei parallele Wirklichkeiten, von denen eine erst in dem Moment tatsächlich real wird, in dem sie an ihr Ziel gelangt. Du wusstest, du bekommst ihn, und warst doch überzeugt, ihn niemals zu bekommen. Die Gegenwart macht die Vergangenheit rückwirkend wahr. Du bist gefangen in einer Realität, die nicht zugibt, dass sie jemals anders hätte sein können.

Warst du ein trauriges Kind? Heute scheint es dir so. Es fehlte dir an nichts, und trotzdem konntest du das Gefühl nie loswerden, alles stünde ein wenig schief, in allem lauerte etwas Finsteres, Schweres. Zugleich glaubtest du all die Zeit über zu wissen, dass du einmal glücklich sein wirst. Weil du für das Glück vorherbestimmt bist. In einer Welt, in der es kein Glück gibt. Lässt sich der Punkt ausmachen, welcher wie ein Messer in das Fleisch der Zeit schneidet und den Weg bestimmt, der dich bis zu diesem Augenblick geführt hat?

Du bist klein. Du sitzt in Opas Arbeitszimmer unter dem Tisch. Ob du dich versteckt hast, weißt du jetzt nicht mehr. Du erinnerst dich weder, was davor, noch, was danach passiert ist. Du hast ein rot-grün kariertes Kleid und dicke Strumpfhosen an. Du fühlst dich dreckig. Schlecht. Die Strumpfhosen sind weiß. An den Füßen sind verräterische graue Spuren zu sehen. Dein Haar ist braun. Ob es stimmt, weißt du jetzt nicht mehr, aber du glaubst dich zu erinnern, dass es fettig und verklebt ist. Über dieses Bild legt sich das Bild einer Katze, die aus dem Dunkel eines verlassenen Kellers kommt. Berühren wolltest du sie nicht. Doch das Kind unter dem Tisch (bist das wirklich du?) sehnt sich nach Berührung. Opas Zimmer befindet sich im Erdgeschoss. Küche und Wohnzimmer einen Stock höher. Alle sind immer oben. Warum bist du unten allein? Zumal du Angst hast vor dem Zi*****, der kommen und dich klauen könnte. Er sieht aus wie Sandokan, nur nicht in Farbe. Eine merkwürdige Schwarz-Weiß-Figur, die sich in euer Haus stiehlt, hinter den Vorhängen unter der Treppe versteckt hält und auf dich wartet. Du bist imstande, aus Opas Zimmer direkt auf die Treppe zu springen. Sandokan kann dich nicht erwischen. Du rennst nach oben. Da ist Oma, in der Küche.

Der Schnellkochtopf zischt. Schüsseln klappern. Schwerer Essensgeruch hängt in der Luft. Du willst keine Suppe essen. Du willst überhaupt nichts essen. Oma bewegt sich unglaublich schnell, jongliert mit Tellern und Pfannen. Sie dreht sich in ihrem blauen ärmellosen Kleid im Kreis. Sieht dich nicht. Doch dir ist leichter zumute, weil sie da ist.

In deiner Erinnerung steht von diesem ganzen Haus bloß die Küche unbeschädigt da. Wie der Turm eines verzauberten Schlosses. Eine Wand ist komplett verglast. Gleißendes Licht. Niemals vergisst du die Dunkelheit und die Stille, die unten wüten, darunter. Im Licht bist du noch dreckiger.

Du öffnetest die Augen nicht sofort. Du lagst da. Wartetest. Glaubtest, so würde sich alles in Luft auflösen. Vögel zwitscherten und du warst froh, dass Sommer war und die Fensterscheibe dich nicht von der Welt trennte. Du bist aufgestanden und ins Bad gegangen, hast dich lange abgeduscht. Deine Hand umschiffte zunächst die Stelle. Vielleicht ist er doch nicht da, dachtest du, vielleicht war alles ein Irrtum. Du würdest deine Freundinnen anrufen. Ihr würdet euch auf einen Guten-Morgen-Kaffee treffen. Stattdessen Wein trinken, oder Whiskey, oder Kirschlikör, vollkommen egal. Ihr würdet euch laut zuprosten. Über das Geschoss lachen, das an deinem Kopf vorbeigeschwirrt ist, dich völlig verfehlt hat.

Das Knötchen ist immer noch da. Unerbittlich anwesend. Elastischer als gestern Abend. Unter deiner nassen Haut zum Tanzen aufgelegt.

Du ziehst das lilafarbene Kleid aus dem Schrank, eines der schönsten in deinem Besitz, mit freiliegenden Schultern, trägerlos. Es fällt über deine schönen, prallen Brüste bis hinunter zu den Knien. Du bindest dein Haar zusammen. Schminkst dich. Findest dich schön. Du siehst, wie die Kinder schlafen, von der Augusthitze berauscht, durch die leichte Frische des frühen Morgen beruhigt, und gehst zu deinem Hausarzt.

Als du zu sprechen beginnst, merkst du, dass du zu schnell redest. Oder nicht schnell genug. Als wäre der Tag zu zähflüssig, um deine Worte aufzunehmen. Du streifst den oberen Teil des Kleids ab. Schweigst, während er deine Brüste abtastet. Zusammengekniffene Lippen, erhobene Augenbrauen. Er nickt langsam, senkt den Blick. Du bekommst ein flaues Gefühl im Magen. An diesem Punkt der Reise hätte man dich zurück nach Hause schicken sollen. Du hattest fest mit dieser Station gerechnet, von der aus dein Leben wieder in den bekannten Lauf münden sollte. In den Telefonanruf, die Einladung zum Kaffeetrinken ohne Kaffee. In die Feier, weil du dem Geschoss entkommen bist. In den Augenblick kristallklaren Bewusstseins, was du alles falsch gemacht hast und nie wieder so machen würdest. Du würdest jene lieben, die deine Liebe verdienen. Dich gesund ernähren. Yoga machen. Den Tag fühlen.

Der Arzt schrieb dir eine Überweisung und schickte dich ins Krankenhaus.

Dort waren zwei Ärzte. Einer, der nicht sicher war, was er von den vielen schwarz-weißen Pünktchen halten sollte, die im Ultraschallgerät das Innere deiner Brüste abbilden. Dann ein Zweiter, den der Erste gerufen hatte. Er gab eine neue Schicht kaltes Gel auf deine Brust und kreiste mit der Ultraschallsonde darüber. Sie waren sich einig, dass du nichts hast. Der Zweite sagte dir, du sollest den Befund der Routineuntersuchung von vor sechs Monaten, der vollkommen in Ordnung gewesen sei, mitbringen und einen Mammografie-Termin in einem Jahr vereinbaren.

Du trittst aus der Klinik nach draußen. Vielleicht weißt du es bereits und deine Hände zittern. Dir ist nach Weinen zumute, du willst aber nicht, dass deine Mascara verwischt. Du möchtest weiterhin schön sein. Befiehlst dir selbst zu schweigen, obwohl im Mund keine Worte sind. Du sagst zu dir: *Mal nicht gleich den Teufel an die Wand! Schau nicht in den dunklen Abgrund! Kehr dem Abyssus den Rücken!* Du setzt dich ins Auto und fährst los, ohne zu wissen wohin.

Da erblickst du ihn auf der Straße. Den Radiologen, dem du schon seit Jahren deine Brüste anvertraust, fest entschlossen, mit regelmäßigen Kontrollen die Krankheit zu überlisten, die den Körper deiner Mutter verwüstet hat. Vor einer Stunde hast du ihn in den Krankenhausfluren gesucht, sie sagten dir, er sei nicht da. Jetzt hältst du mitten auf der Straße an, zwischen all den schnell fahrenden Autos, und rennst ihm hinterher. *Ich weiß, dass ich verrückt bin*, sagst du ihm, entschuldigst dich, denn die anderen hätten schließlich gesagt, du habest nichts. Du aber weißt es schon, du fühlst den Stein unter deiner Haut, dieses Schluchzen des Gewebes, das den Schmerz nicht mehr aushält, den du schweigend hinunterwürgst wie ein fades Mittagessen in fremdem Hause. Er lächelt und sagt, du sollest dir keine Sorgen machen. Er erwarte dich um drei Uhr nachmittags in seinem Behandlungszimmer. Alles Weitere würdet ihr dann sehen. Ganz bestimmt werde alles in Ordnung sein. Du weißt, er kann überhaupt nicht wissen, was er da sagt. Doch du bist beruhigt, weil er dich nicht nach Hause schicken und dir sagen wird, dass du in einem Jahr wiederkommen sollst, ohne weiter an dich zu denken.

Als du das Zimmer betratst, am fünfzehnten September, sagte er: *Bist du wirklich allein gekommen?* Vier Tage zuvor hatte er bei dir ein MRT und eine Biopsie gemacht. Der Befund sollte circa fünfzehn Tage dauern. Als er per Ultraschall mit deinem Knötchen Bekanntschaft machte, an dem gleichen Tag, an dem du auf der Straße hinter ihm hergerannt warst, war er sich sicher, es sei nichts. Es sehe gutartig aus. Vor sechs Monaten sei hier nichts gewesen. *Trotzdem machen wir wegen der Anamnese deiner Familie sicherheitshalber noch ein MRT und eine Biopsie. Aber keine Sorge. Es sieht gut aus!* Ihr würdet den besten Zeitpunkt abwarten, zwischen dem siebten und zwölften Tag des Menstruationszyklus, um alle Untersuchungen zu machen.

Vor vier Tagen, beim Termin fürs MRT, hatte er nichts zu dir gesagt. Er vermied es, dir in die Augen zu sehen. Murmelte vor sich hin, er habe gerade viel zu tun. Wenig Zeit. Er werde sich melden, sobald der Biopsie-Befund da sei. Kurz davor hattest du beobachtet, wie er ins MRT-Zimmer gegangen war und sich deine Aufnahmen angesehen hatte. Ganze fünf Minuten lang. Später, als er die Biopsie machte und die Nadel in deinen Körper stieß, um winzige Stückchen des Knotens herauszuholen (oh, was für ein brutal stumpfes und endgültiges Geräusch), spracht ihr über eure Töchter, die im gleichen Alter sind, über Yoga und den vorbeigehenden Sommer. Über das andere schwiegt ihr, während du auf dem schmalen Bett lagst, mit einem grünen Tuch bedeckt, und tief ein- und ausatmetest. An den darauffolgenden vier Tagen dachtest du an gar nichts. Du hast dir Zeit gelassen mit der Angst.

Am Montagmorgen um zehn Uhr ruft dich die Krankenschwester an und bittet dich, um elf in sein Behandlungszimmer zu kommen. Die Minuten sind ein langsam durchgeseihter Überfluss der Ewigkeit. Gemächlich ziehst du dich an. Schminkst dich lang und sorgfältig. Machst deine Frisur zurecht. Steckst dir Ring und Ohrringe an. Du setzt dich ins Auto und fährst zum Krankenhaus.

»Ja, ich bin wirklich allein gekommen«, sagtest du und lächeltest sogar dabei.

»Ich habe eine schlechte, aber auch eine gute Nachricht«, sagte er und sah dir endlich in die Augen.

»Dann die schlechte zuerst«, sagtest du.

Mut war das nicht.

»Es ist ein Karzinom.«

»Okay«, sagtest du, »okay.«

Etwas in dir wollte aufschreien, in Tränen ausbrechen. Doch das alles zusammen: das Zimmer im Erdgeschoss des städtischen Krankenhauses, der große Tisch in seinem Rücken mit dem riesigen Monitor, der zwanzig Bilder deines Brustinneren zeigt, der große schwarze Stuhl, auf dem er sich hin und her bewegt, ein wenig nach links, ein wenig nach rechts, du auf der niedrigen Couch gegenüber, die Hände ineinander gelegt auf deinen Knien, ein stechend blauer Himmel, der durch die Spalte der Jalousien dringt, das Winseln von Gummisohlen auf dem Linoleum im Flur, all das schien nicht ausreichend wahr zu sein, wie ein Fehler in der Wirklichkeit, der jeden Moment korrigiert werden würde. Und alles käme zurück an seinen Platz.

»Aber rechtzeitig erkannt.« Das war die gute Nachricht.

»Gut«, sagtest du, »gut.«

Einen Moment lang schnürt das Zimmer dir den Hals zu. Gleich musst du weinen, glaubst du. Schon im nächsten Moment ist dir klar, wie sinnlos und unnötig diese Geste wäre.

Überflüssig. Du beugst dich vor. Hörst aufmerksam zu, was er sagt. Ein OP-Termin müsse vereinbart werden. Mit dem Chirurg sei zu besprechen, ob die ganze Brust entfernt werden muss, oder nur der Quadrant, in dem der Tumor ist. Und einige Lymphknoten. Wie viele, werde der Chirurg entscheiden. Was passiert, wenn in ihnen noch mehr Tumoren sind, sagt er dir nicht. Er spricht über die guten Prognosen bei einem so früh entdeckten Karzinom.

»Das hier ist sicher sehr früh, ganz sicher rechtzeitig erkannt.«

Worte sind Anker, die ermöglichen, dass sich die Wirklichkeit nicht auflöst.

Als du elf Jahre alt bist, zieht ihr vom Haus in eine kleine Wohnung. In den vierten Stock eines vierstöckigen Hauses. Im Eingangsbereich ist kein Fenster. Lang, dir scheint, ganze drei Jahre, solange ihr hier lebt, gibt es aufgrund der defekten Elektrik kein Licht im Eingang. Immerzu Dunkelheit. Selbst tagsüber. In der Nacht nur noch massiger, noch schwerer. Wie Pech. Wie Blut. Du stehst vor dem Haus, unter euren Fenstern, und rufst. Sie machen dir die Wohnungstür auf und du rennst so schnell du kannst. Durchbrichst mit deinem Körper die Dunkelheit. Rennst in Richtung Öffnung, ganz oben, aus der goldenes Licht schimmert. Dir schlägt das Herz bis zum Hals. Nie bist du schnell genug.

Manchmal ist keiner zu Hause. Ein paar Mal setzt du dich in Bewegung und kehrst wieder um. Du holst tief Luft und rennst los. Mit einer Hand hältst du dich am Geländer fest, die andere fliegt über die Wand. Deine Hände zittern. Das Geländer zittert. Du stolperst und fällst, deine Schienbeine immer blau. Die straff gespannten Ketten aus Betonstufen sind die Eingeweide eines riesigen Tieres. Darunter klafft der Keller wie der Hades. Du wurdest verschlungen und nun rennst du nach oben, zum Maul, damit es dich ausspuckt, damit du dich retten kannst.

Es ist fünf Uhr nachmittags. Der graue Himmel senkt sich herab, er drosselt das Licht. Dies bisschen Licht dringt bis in den ersten Stock. Langsam und vorsichtig gehst du so weit, wie du auch nur irgendetwas sehen kannst. Redest dir ein, alles sei gut. Es gebe keinen Grund, Angst zu haben. Du kannst deine Hände erkennen, die rechte auf dem Geländer, die linke an der Wand. Deine Beine siehst du nicht. Sie wurden von der Dunkelheit verschluckt. Dein kleiner Nachbar

Saša hat beobachtet, wie du reingehst. Hat sich auf den Boden gesetzt, ins Dunkel des zweiten Stocks. Als du einen Schritt auf ihn zu machst, packt er dich am rechten Fußgelenk. Dein Schrei durchbricht die Finsternis. Auf jeder Etage öffnen sich vier Türen. Sie zerschneiden die Dunkelheit mit gelbem, sich kreuzendem Scheinwerferlicht. Hatidža, die Romni aus dem ersten Stock, rennt los und bringt dir ein Glas Wasser und Würfelzucker. Du hörst nicht auf zu schreien. Deine Hände zittern. Das Glas schlägt dir an die Zähne. Hatidža streichelt dir durchs Haar. Lehnt deinen Kopf an ihre Brust. Sie riecht nach der Suppe, die auf ihrem Herd gleich überkocht. Fremde Stimmen überlagern sich um dich herum. Aus der Dunkelheit ist Sašas leises Weinen zu hören.

Dies ist eine Geschichte über den Körper. Über seinen Kampf, sich vollständig zu fühlen, während ihn die Wirklichkeit in Fragmente zerlegt. Der Schnitt geht von der rechten Brustwarze in Richtung Rücken, fünf Zentimeter weiter rechts macht er eine leichte Biegung und verläuft dann weiter bis zur Achselhöhle. Noch ist er frisch und rot. *Du hast gar nicht so viel weggenommen,* sagst du zum Chirurg. Stolzes Nicken. Er hat gute Arbeit geleistet. Die Brust von oben gestrafft, sodass nicht zu sehen ist, wie viel fehlt. Ihr lächelt zufrieden.

Das passiert erst später. Solange du nach der Operation im Krankenhausbett liegst, ist ein großer Verband um deine Brust gewickelt. Du willst nach der Brust tasten, ihre Größe herausfinden, deine Hand setzt sich schon in Bewegung, doch du ziehst sie zurück. Noch ist es zu früh, noch willst du es nicht wissen. Noch hast du das Gefühl, das bist nicht wirklich du. Das ist nicht wirklich dein Körper. Der Schlauch, an dessen anderem Ende eine Plastikflasche voll braunen Bluts befestigt ist, kommt nicht aus ihm. Draußen ist September, und nur zwei Tage früher, als du ins Krankenhaus gekommen bist, war noch Sommer. Jetzt ist Regen an deinem Fenster und der Wind wirbelt den Dampf auf, der aus der Krankenhauswäscherei einen Stock tiefer quillt.

Ein paar Tage später bist du zu Hause. Als am Abend alle schlafen, nimmst du den Verband ab und stellst dich vor den Spiegel. Die rechte Brust ist kleiner. Merklich. Vorher war es die linke. Unmerklich. In der Mitte des Schnitts ist ein Loch. Ein Stück Gummi ragt daraus hervor, über das die Lymphe abfließt, sie sammelt sich, solange das innen liegende Gewebe nicht verheilt ist.

Wäre dieses Bild leichter oder schwerer, wenn es wehtäte?

Dein Spiegelbild hat große, weit aufgerissene Augen. Es sagt dir, das Schlimmste ist vorüber. Es versichert dir, dass dieser Anfang in Wirklichkeit das Ende ist. Denn die Zeit ist unwirklich. Die Zeit ist Warten. Warten auf einen Befund, der den Lauf der Zukunft bestimmt. Die Lymphknoten sind ins Roulette geworfene Kugeln. Sie fliegen und drehen sich in der Luft. Unmöglich, den Moment vorauszusehen, in dem sie zum Stillstand kommen. Bis auf ihren Flug und das Warten ist nichts real.

Die linke Brust ist noch die gleiche. Wiederzuerkennen. Wenn du dich ein wenig nach rechts drehst, sieht auch die rechte unverändert aus. Du verspürst kein Bedürfnis zu weinen. Du spürst gar nichts. Du betrachtest dich einfach. *Ist alles nicht wichtig*, sagst du dir. *Das bin immer noch ich. Ich kann weiter schön sein. Ich bin auch weiter schön. Dieser Schnitt, diese träge Raupe hier ist nicht stärker als ich.* Dein Körper lässt sich nicht von ihr bezwingen. Er wird sich nicht ergeben und vor fremden Blicken verstecken.

Du kannst mir gar nichts anhaben!, sagst du zu ihm. *Ich lass dich nicht in meinem Körper leben.* Du erhebst dich über die Wirklichkeit. Breitest sie auf dem großen Nähtisch aus. Mit Kreide zeichnest du neue Umrisse. Die Stücke wirst du langsam ausschneiden. Du wirst so lange eins ans andere nähen, bis du ein Bild zusammengenäht hast, in dem du vollkommen gesund bist. So hast du es beschlossen.

Ich bin jetzt gesund, völlig gesund, wiederholst du hartnäckig. Sie haben ihn beseitigt. Aus dir herausgenommen. Diesen Klumpen wild gewordener Zellen unter deiner Haut. Diesen Fehler im Körpersystem. Diese Störung des Mechanismus. *Ich bin jetzt gesund, völlig gesund!*

Der rechte Arm schmerzt, sobald du ihn bewegst. Du musst Übungen machen. Du stehst an der Wand und ziehst die Finger hoch, als würdest du nach oben klettern wollen. Der Arm bleibt auf halber Strecke stehen. Du solltest es nicht, aber du schiebst mit Gewalt. Obwohl du das Gefühl hast, ihn gleich zu brechen. Vom Schmerz wird dir übel. Du schließt die Augen. Du redest dir ein, dein Arm könne alles, die Regeln der Physik gelten nicht für ihn. Die Spannung lässt ein wenig nach, doch ihn auszustrecken ist weiter unmöglich.

Alle paar Tage gehst du ins Krankenhaus. Sitzt ruhig auf dem Krankenbett, während der Chirurg deinen Brustverband abwickelt. Er zieht das Gummistück aus dem Loch in der Schnittwunde (das Geräusch hörst du innerlich, dieses Quietschen ist in dir drin). Er nimmt eine große Nadel und sticht damit in das Loch, in das weit aufgerissene Maul der Raupe. Er zieht die angestaute Lymphe heraus. Unter der rechten Achsel hast du keinen Lymphknoten mehr. Deshalb lässt sich der Arm so schwer bewegen. Deshalb sammelt sich dort die regungslose Lymphe, an der Stelle, wo dein Zusammenbruch anfing. Er schneidet eine kleine Ecke von einem Gummihandschuh ab und schiebt sie in dasselbe Loch. Das Geräusch ist fast das gleiche, wieder in dir drin, du spürst jedoch deutlich, dass es diesmal nicht nach außen dringt. Es verdichtet sich innen und klingt in deinen Brüsten nach. Das stört dich alles nicht. Es ist dir egal. Du wartest sowieso nur. Der Oktober vergeht entschlossen. Hinter dem Fenster vergilbt die von Regentropfen verwischte Welt. Die Zeiger deiner inneren Uhr versuchen, die Zeit zu messen, und zählen doch nur die Tage des Wartens.

Du bist dreizehn. Du bist ein Mädchen und weißt, du musst anständig sein. Darauf achten, wie du sitzt. Darauf achten, wie du sprichst. Hübsch sein. Es gibt Spiele, die sich für dich nicht mehr ziemen. Orte, an die du nicht gehörst. Die Jungs in deinem Hof sind alle viel jünger als du. Bis auf Imad. Er ist auch jünger, aber nur ein Jahr. Vor zwei Jahren wart ihr Freunde. Jetzt könnt ihr keine Freunde mehr sein, denn er ist ein Junge, und du bist ein Mädchen. Vielleicht geht es auch gar nicht darum. Vielleicht vermagst du es einfach nicht, Imads Freundin zu sein. Imad hat traurige Augen, dreckige Jeans, einen Bruder auf dem Weg ins Erziehungsheim und eine Mutter, die irgendwo unterwegs zur Siedlung, in der sie sich in einer kleinen Wohnung im ersten Stock eingerichtet haben, ihren richtigen Namen verloren hat, weshalb sie von allen nur »die Bosnierin« genannt wird. Nur wenn es regnet, sitzt die Bosnierin nicht auf der niedrigen Mauer vor dem Wohnhaus. Ansonsten ist sie immer hier. Breitbeinig. Unter ihrem Rock schauen dicke, wabbelige Oberschenkel und ein weißer Unterrock hervor. Ihre Ellbogen sind auf die Knie gestützt. Riesige Brüste verdecken den vorgebeugten Körper.

Imad ist ein Guter. Er hat die Schultern hochgezogen, Schultern voller Angst. Schultern, die den Körper schützen. Sein Körper schaukelt immer ein wenig von rechts nach links, als wollte er vor etwas davonlaufen. Imad hat zwei jüngere Brüder und eine Schwester. Und schnelle dunkle Augen. Augen, mit denen er immer etwas zu verbergen sucht. Scham. Niemand hat ihm gesagt, dass er sich nicht zu schämen braucht. Wegen dieser Mutter. Wegen dieser Wohnung, in der so gut wie nie ein warmes Mittagessen auf ihn wartet. Wegen allem, was er nicht hat. Sein Bruder Haris ist anders. Er bewegt sich

schnell und aufrecht. Akzeptiert den ihm zugewiesenen Platz
nicht. Wie ein Sommerbrand frisst seine Wut alles vor sich auf.
Er leuchtet jeden Seitenweg vor sich aus, ist sich der Wahlmög-
lichkeiten bewusst, die ihm niemals angeboten werden.

Vielleicht schlug Haris deinen Bruder. Du erinnerst dich
nicht mehr genau. Vielleicht war es so. Deinen fünf Jahre
jüngeren Bruder, wegen dem du manchmal vergisst, dass du
ein Mädchen bist und lieb sein müsstest. Du sagtest, nein,
du schriest aus voller Kehle, aus Leibeskräften, er solle ihn in
Ruhe lassen. Du erinnerst dich nicht so gut, aber du bist dir sicher, dass du auch geflucht hast. Haris sah dich mit einem Blick
an, der klar machte, er lasse niemals irgendwas in Ruhe. Du
drohtest ihm, noch wütender, noch glühender. Imad fing an,
seinen jüngeren Bruder zu verteidigen. Da drohtest du auch
Imad. Berauscht vom Gefühl der Freiheit, vom Ausbrechen
aus den Regeln, vom magischen Raum, in dem du alles sein
kannst, was du willst. Stark und wild. Du erinnerst dich nicht,
wessen Faust zuerst flog. Aber du weißt noch, dass du mit allem zuschlugst, was du in dir hattest, mit jener Kraft, die du
später jahrelang unterdrücken solltest, um das zu sein, was sie
immer wieder von dir verlangten. Wie lange das so ging, weißt
du nicht. Diese fliegenden Fäuste. Dieser Körper, der über jedem Schmerz steht, die Schläge entgegennimmt und durch sie
stärker wird. Dann wird dir plötzlich bewusst, dass ringsum alles stehen geblieben ist. Alles außer dir. Du hältst Imads blon-
de Haare in deinen Fäusten. Sein Gesicht blutüberströmt. Mit
leerem Blick sieht die Bosnierin von ihrer Mauer zu dir herü-
ber. Er lässt den Kopf sinken und geht. Fassungslos rufen deine
Eltern vom vierten Stock deinen Namen. Rufen dich zurück in
das brave Mädchen, vor dem du versucht hast zu fliehen.

Dass die Worte nicht ausreichten, kam früher nicht vor. Es gab Faulheit, Depression und Hoffnungslosigkeit, es gab das Bedürfnis, keinem etwas zu erzählen. Aber immer waren Worte der Faden, mit dem sich eine Emotion an die Wirklichkeit heften ließ. Jetzt fehlen sie. Unmöglich, die Gegenwart in reale Erfahrung zu gießen. Von diesem Punkt aus zieht sich die Zukunft wie Harz, sie wird für immer von ihm bestimmt. Vom Knoten. Von der Operation. Vom Stück Brust, das aus dem Körper entfernt wurde. In der Pathologie zerschneiden sie es mit einem scharfen Skalpell, legen es auf die Glasplatte, Scheibchen für Scheibchen. Wer berührt dich da so schamlos, so rücksichtslos? Vielleicht hören die Fleischstücke in exakt diesem Moment auf, Du zu sein. Sie sind nur mehr unpersönliche mikroskopische Proben. Erst Tage später, in der Diagnose, verbinden sie sich wieder mit dir, landen auf dir wie eine verspätete Ohrfeige – für ein Versäumnis, an das du dich gar nicht erinnern kannst. Der kleine Knoten bekommt seinen vollen Namen, seine Identität, mit der er dich vielleicht sogar überleben wird. Deine Mama sagte dir, sie würden ihn später dein Leben lang aufheben (halten sie dich wirklich so wachsam unter Beobachtung?), diesen Klumpen von dir, diesen Knoten. Falls wieder Metastasen auftreten, kommen sie darauf zurück. Leiten aus ihm die notwendigen Schlüsse ab, die Therapierichtung. Er ist die Identifikationsnummer deiner Krankheit.

Du kannst nicht aufhören, an dieses Stück Fleisch zu denken, dessen du beraubt wurdest. Dieser Teil, der entfernt von dir weiterlebt und dein Schicksal vorhersagt. Gestern früh, als du zum Verbandswechsel und Herausziehen der Lymphe in der Klinik warst, kamst du auf dem Hof an einem niedrigen Flachbau vorbei, in dem die Abteilung für Pathologie untergebracht ist. Du bist vor der Tür stehen geblieben, du standest direkt davor, ohne Schirm im Nieselregen, und musstest über das Schild *Zutritt verboten* lachen. Der wichtigste Teil von dir war schon dort drinnen. Du lachtest immer weiter, bis du zu weinen anfingst. Du drehtest dich um und gingst nach Hause, wo du weiter gewartet hast. Vier ganze Wochen lang. Achtundzwanzig volle Tage und Nächte Leerlauf. Zeit, die sich durch nichts füllen lässt.

Ihr alle wartet nur. Auch du. Auch deine Mutter. Deine Kinder. Sie wissen Bescheid. Du redest mit ihnen über alles. Du möchtest sie gut vorbereiten, obwohl du ihnen jeden Tag versicherst, dass du überlebst. Der Tod sei für dich nicht akzeptabel, hast du ihnen gesagt. Sie glauben dir.

Es ist Nacht. Du liegst im Bett und denkst an Frida Kahlo. Du beneidest sie. Sie brauchte keine Worte. Sie benutzte ihren Körper als Sprache. In Gedanken hängst du eine riesige Leinwand der ganzen Zimmerlänge nach an die Wand und trägst Farben auf. Den Pinsel musst du mit beiden Händen festhalten, so groß ist er. Du tunkst ihn in den Eimer mit roter Farbe und ziehst langsam dicke Linien. Tanzend. An deinen Armen rinnt Farbe hinab. Kein Blut. Das Blut fließt tief in dir drin, durch verängstigte Venen. Die Leinwand ist jetzt von einer ungleichmäßigen roten Schicht bedeckt. Am liebsten würdest du deinen Körper auf dem Bild zerteilen, seine Fragmentierung bewusst machen, den Schmerz dessen, was nicht mehr da ist. Wie Frida. Du rührst dich nicht. Liegst im Bett, die Arme entspannt neben dir. Du möchtest weinen. Du schluchzt zweimal laut auf, dann legst du dir die Hand auf den Mund. Die Kinder sollen dich nicht hören. *Die Kinder sollen dich nicht hören!* Auf der Wand zeichnet sich dein Körper ab. An den Brüsten ist rechts ein Loch. Die Narbe ist eine Schlange. Sie schlängelt sich von der Achselhöhle zur Brustwarze. Reckt ihren Kopf empor. Ihre Schlangenaugen lachen. Du sperrst deine Augen auf. Über dir öffnet sich die Decke und lässt den Himmel herein. Du weißt, dass du überleben wirst.

PATHOLOGISCHER BEFUND

Invasives duktales multizentrisches (II) Karzinom der rechten
lateralen Mamma
Nottingham-Prognose-Index 6, histologisches Grading G2
Lymphovaskuläre Invasion vorhanden (L1)
Duktales Carcinoma in situ (DCIS) kribriformen Typs ohne
Komedonekrosen (NG1/NG2) 12 mm
Lobuläres Carcinoma in situ (LCIS) 3,5 mm
Einfache lobuläre Hyperplasie (ELH)
Lymphadenitis chronica reactiva. pNo (14-/14)
AJCC TNM: pT1c No (14-/14) Mx Ro

Immunhistochemischer Befund der duktalen Tumorkomponente:
ER: 9 % der Tumorzellen positiv mit gemäßigter Intensität
PR: 98 % der Tumorzellen positiv mit hoher Intensität
HER2/neu: 3+
Ki67 (MIB 1) nachweisbar in ca. 20% der Zellen
E-Cadherin (+)

Immunhistochemischer Befund der lobulären Tumorkomponente:
ER: 95 % der Tumorzellen positiv mit gemäßigter bis hoher Intensität
PR: 95 % der Tumorzellen positiv mit hoher Intensität
HER2/neu: 0
E-Cadherin: (-)

Fünf Tage zuvor seid ihr den gleichen Weg gefahren. Deine Mutter und du. Auf der Autobahn Međugorje – Zagreb. Diesmal schweigt ihr. Sie hat das kleine Kissen wieder mitgenommen, damit du deinen Kopf auf dem Beifahrersitz bequem ablegen kannst, während sie fährt. Die Landschaft ändert sich nicht. Ihr folgt einer geschwungenen, in die Berge eingemeißelten Linie. Keine Städte oder Dörfer weit und breit. Die Wegweiser sind bestimmt falsch, denkst du. Sie zeigen auf graue Spuren, die von der langen, schnurgeraden Linie abfließen und nirgendwo hinführen. Wie ein Kinderspielzeug. Ihr seid in seinem Inneren gefangen. Ein paar Mal werdet ihr anhalten. Auf Toilette gehen. Einmal davon Kaffee trinken und ein Stück Schokoladenkuchen essen. Ein Stück. Halbe-halbe. Um das Hinsetzen zu rechtfertigen. Hunger verspürt ihr nicht. Bloß leichte Übelkeit. Ihr lauft mechanisch durch den Laden. Im Auto schweigt ihr, weil du schweigst. Bestimmt glaubt sie, du dächtest über all das nach, was dir gleich bevorsteht. Diesmal werden sie dir beide Brüste abschneiden. Der Befund hat gezeigt, dass es noch einen Tumor gibt. Klein, unsichtbar im MRT, unsichtbar für alle, außer für das riesige Pathologenauge hinter dickem Glas. Doch da ist er. Nun muss die ganze Brust ab. Du willst auch die zweite weghaben. Der Chirurg soll alle Stellen von dir abschneiden, in die sich der Tod einschleichen kann.

Das ist gar nicht schlimm, sagst du dir, *er entfernt die Brüste und setzt an ihre Stelle, unter die Haut, eine Prothese.*

Mutige Entscheidung, meint zuerst der Chirurg. Der gleiche, der schon einmal in deinen Körper geschnitten und so wenig entfernt hatte, nur dieses kleine Stückchen.

Mutige Entscheidung, sagt die ältere Ärztin. Die gleiche, die seit vielen Jahren die Onkologin deiner Mutter ist.

Mutige Entscheidung, ergänzen alle im Chor.

Wäre es nicht mutiger, das Fleisch an mir dranzulassen und abzuwarten, willst du fragen, lässt es aber bleiben.

Deine Onkologin sagt: *Zweite Brust? Prothesen? Was reden Sie hier von Ästhetik! Ich sag Ihnen was, es geht gerade um ihr Leben!*

Du denkst, das muss Sand sein in deinem Mund, trocken und dicht. Er verschüttet deine Worte, du kannst nicht ausrufen:

Das sind meine Brüste! Mit ihnen kann ich machen, was ich will! Das sind meine Brüste, von denen ich mich hier so leicht zu trennen bereit bin! Ich geb sie her für all die Jahre, die sie mir wegnehmen wollen.

Und schon am nächsten Tag seid ihr auf dem Weg nach Zagreb. Du hältst den Brief in der Hand, den du im Tausch für dein Stück Brust bekommen hast – darin waren, das ist nun gewiss, zwei Tumoren. Der rundliche, dessen Form dir noch schmerzhaft unter den Fingern pulsiert. Und der neue, versteckte, er funkelte unter den Augen des Pathologen wie eine Perle in der offenen Muschel. Ihr seid auf der Suche nach einem neuen Arzt, der bereit ist, dir beide Brüste abzunehmen. Du weißt nicht mehr, wann genau du dich entschieden hast, sie durch Silikonprothesen zu ersetzen. Bestimmt im ersten Moment, als du die Diagnose gehört hast. Dein praktisches Gehirn schätzt sofort die Situation ein, wägt mögliche Schadensbegrenzung und Heilungschancen ab. Zwei Brüste sind ein kleiner Einsatz für ein ganzes Leben. Du wirst dir stattdessen Silikonprothesen machen lassen. Es wird sein, als wäre gar nichts passiert. Ein geschickt geflicktes Loch in der Realität.

Ihr seid in Zagreb in einer privaten Klinik und sprecht mit der Onkologin. Sie sagt euch, das werde so nicht gemacht, wenn kein triftiger medizinischer Grund vorliege. Der Brief, in dem das Geheimnis deiner Zellen steht, überzeugt sie schließlich. Eines der Karzinome ist lobulären Typs – die haben die Tendenz, sich auszubreiten, von einer Brust in die andere. Ihr vereinbart einen OP-Termin in sieben Tagen.

Das sind alles Dinge, über die du nicht nachdenkst, damals, im Auto. Du denkst an M. An M., der von Zeit zu Zeit, in Momenten, in denen dir scheint, du könntest fallen oder den Mut verlieren, in deiner Nähe auftaucht. Das geht nicht weiter als ein Wortspiel. Nicht weiter als ein Spiel sich nie berührender Körper. M. ist jung. Viel zu jung. Auch darüber denkst du nicht nach. Du schlägst deine Zähne in seinen Hals, in sein Fleisch, atmest ihn ein und kaust, über die Kilometer, die sich zwischen euch erstrecken, hinweg. Es existiert nichts bis auf diese lange graue Linie, die unermüdlich vor deinem Auge auftaucht, und eure Körper – ineinander verkrallte Körper, irgendwo weit weg in einer Zeit, die erst noch kommt –, um die Gegenwart auszuradieren. Seine Berührungen, die du dir vorstellst, um die Gedanken zu ersticken.

Ihr habt eine Wohnung in Zagreb gemietet. Für sieben Tage. Vielleicht bleibt ihr auch vierzehn. Das wisst ihr nicht. Ihr wisst noch gar nichts. Sie macht sich Sorgen wegen der Wohnung. Ob sie gut ist. Ob das Bett gemütlich ist. Ob du darin gut schlafen kannst, wenn du aus dem Krankenhaus kommst. Die Operation wird schwer werden. Wesentlich schwerer als die vor einem Monat. Die erste, bei der sie nur ein Drittel der rechten Brust entfernt haben. Diesmal beide. Deine Brüste. Zwei schöne Brüste, die auch mit 42 noch straff sind. Rund und fest, mit großen, nach außen gewölbten Brustwarzen. Früher fandest du deine Brüste zu klein, nicht schön genug. Erst diesen Sommer lerntest du sie lieben, als hättest du ihren Verlust vorausgeahnt. *Vielleicht ist es eine gnädige Fügung, daß uns ein Hochgefühl überkommt, wenn wir vor dem Abgrund stehen*[3], lässt Christa Wolf Medea sagen. Hast du vorausgeahnt, dass du sie verlieren wirst? Du hast sie fotografiert. Nicht dich oben ohne, sondern einfach so – nur sie. Das ganze Bild besteht aus zwei leicht auseinanderstehenden Brüsten. Damit du sie nicht vergisst. Srđan hat gesagt: *Du redest so schön von ihnen, mir tut richtig leid, dass ich sie nie gesehen habe.* Ihr habt gelacht. Srđan und du, ihr habt schon immer auf Kosten deiner Brüste Witze gemacht. Weil sie so klein sind. Einmal kam in London, das ist lange her, in einer leeren Unterführung eine Gruppe Typen auf dich zu, die aussahen, als gehörten sie zu einer Gang. Du hattest Angst. Doch weil du dich normalerweise vor nichts fürchtest, hast du dich nicht umgedreht, bist nicht weggerannt. Als sie an dir vorbeigingen, fasste der eine dir lachend, im Spaß, an den Busen. Du ranntest bis zur Wohnung und riefst heulend deinen besten Freund an. *Dieser Idiot in der Unterführung hat meine Brüste angegrapscht!*

»Völliger Reinfall!«, meinte Srđan.

Du magst Srđan. In seinen Augen ist das Leben eine völlig simple Sache.

---

3 Christa Wolf: Medea. Stimmen. München: Luchterhand 1996, S. 193.

Du bist acht oder neun Jahre alt. Wie du in dem Moment aussiehst, weißt du nicht mehr, doch du musst ungefähr so alt sein, weil du dich in dem Zimmer befindest, das früher mal Opas Arbeitszimmer war. Opa ist gestorben, als du fünf Jahre alt warst, nun dient das Zimmer deinen Eltern als Schlafzimmer. Es ist winzig. Das Ehebett wurde ganz an die Wand geschoben. Rechts davon steht ein Nachttisch. An der rechten Wand, neben der Tür, befindet sich ein Schrank und hinter deinem Rücken ein Fenster. Du erinnerst dich nicht, ob es in dem Zimmer noch andere Sachen gibt. Du erinnerst dich, dass die Wand rosa gestrichen ist und das Nachtschränkchen weiß. Du öffnest es und wühlst darin herum. Farbiges Hochglanzpapier. Lauter Bilder mit nackten Frauen- und Männerkörpern darauf. Teile von Frauen- und Männerkörpern. Ineinander verkeilt. Miteinander auf Arten und Weisen verbunden, die du dir nicht einmal hast vorstellen können. Dass Körper sich überhaupt so verbinden können. Du fühlst eine merkwürdige Aufregung und Ekel. Du kannst sie nicht weglegen. Du blätterst ein paar Seiten um, willst mehr davon sehen. Noch mehr. Obwohl dir schon übel wird. Du weißt nicht, was an diesen Bildern verkehrt ist, aber dass etwas nicht stimmt, ist dir klar. Deine Hände zittern leicht. Du weißt, das muss ein Geheimnis bleiben. Hastig legst du alles zurück an seinen Platz, dich erschreckt die Hitze zwischen deinen Beinen. In deinem Zentrum, in deinem aufgeweckten Inneren. Du presst die Hände dagegen, damit es aufhört. Ein bisschen ist dir auch nach Weinen zumute. Also fliehst du. Vergisst es hartnäckig. Doch du wirst noch hartnäckiger dorthin zurückkehren. Wirst die Hitze deines Körpers genießen und dich dafür hassen.

Die Operation ist für sieben Uhr abends angesetzt. Ihr lauft den ganzen Tag durch Zagreb. Es ist der 22. Oktober. Der Nieselregen riecht nach Winter. Die Wohnung, in der ihr untergebracht seid, befindet sich im achten Stock eines Hochhauses, V-förmig geknickt erwartet es den Autostrom, der sich in die Stadt ergießt. Straßenbahnschienen zerschneiden die Straße darunter, Furchen aus Metall, die den Asphalt zerkratzen. Vergangene Nacht hörtet ihr im Bett liegend zu, wie die Nachtbahnen, diese blauen, über die Furchen hinwegpolterten, unterwegs zu unbekannten Stadtvierteln, in die ihr beide sicher nie kommen werdet. Am frühen Morgen weckt euch das gleiche Geräusch. Das Rattern ergibt keinerlei Sinn, bis ihr euch schließlich erinnert, wo ihr seid. Dir fällt das Aufwachen schwer. Gestern bist du erst spät eingeschlafen. Nicht die Angst war es, die dich wachhielt. M. hatte sich nach langer Zeit wieder gemeldet. M., der nicht weiß, dass du gerade auf dem Weg bist, deine Brüste zu verlieren, genau die Brüste, die er sich schon in seinen Händen vorgestellt hat. Er vertreibt deine Angst. Du denkst nur an seinen Körper, den du nie gerochen hast, an seine Haut unter deinen Fingern, während du ihn einsaugst, während ihr euch verschlingt, um den Tod auszutricksen.

Den nächsten Tag spürst du fast nicht. Zagreb fährt dir mit kalter Luft unter die Jacke und schrubbt deine Haut. Du befindest dich immer noch mit M. in dessen Wohnung, die du nie betreten wirst. In einem schwarzen Kleid, das deine schwarze Spitzenunterwäsche verdeckt und die nackten Knie freigibt. Dein Körper krümmt sich. Krampft. Sehnt sich nach leichter Hingabe. Will sich anbieten, ohne dass daraus dauerhafte Liebe folgen muss. M.s Gesicht rinnt die Gebäudefassade hinab.

Seine glühenden Augen blicken dich aus den Schaufenstern an. Kurz meinst du, seinen Atem an deinem Hals zu spüren. Deine Knie zittern. Die Straßen kleben aneinander. Du zerschlägst sie mit deinen Schritten. Du denkst nicht an deinen großen Hunger und Durst, denn du darfst den ganzen Tag weder essen noch trinken. Du denkst einfach nur an M. Sein Zimmer, das in das schwache Licht der Straßenlaterne getaucht ist, die du dir unter dem Fenster vorstellst, ist der einzige Punkt, an den du gelangen willst. Der Bestimmungsort, der alle Hindernisse unterwegs verschwinden lässt.

Um sechs seid ihr in der Klinik. Deine Mutter hat panische Angst, sich zu verspäten. Ihr kommt immer wenigstens eine Stunde zu früh überallhin. Erst in der Stille des Wartesaals findet sie Ruhe. Nun verbringt ihr also eine Stunde mit Warten. Ihr blättert durch die Zeitung, lest Wörter, die sich zu keinem Sinn zusammenfügen wollen. M. fehlt dir. Er ist vor der Tür dieses Gebäudes stehen geblieben, hat es abgelehnt, dich nach drinnen zu begleiten. Nur du und dein Körper seid hier drin. Und deine Mutter, die auf dem Nachbarstuhl unruhig und flach atmet. Der Sekundenzeiger der Wanduhr schreitet in nicht aufzuhaltender Geschwindigkeit voran, doch die Zeit vergeht nicht. Nach einer Stunde Warten, Bewegungslosigkeit, geht plötzlich alles schnell. Die Schwester bringt dich ins Arztzimmer. Obenherum nackt legst du dich hin. Mit einem grünen Marker zeichnet er lauter Linien auf deine Brüste. Du sollst die Arme heben, über den Kopf strecken. Der rechte Arm ist noch nicht bereit zu so einer Bewegung. Es schmerzt und zieht. Als würden die Fäden, die die Achsel zusammenhalten, gleich reißen. Du spürst eine Träne im linken Auge. Das kommt vom Schmerz, sagst du dir. Nur vom Schmerz, wegen der für dich noch unerreichbaren Bewegung. Du stehst auf. Er nimmt einen Fotoapparat und lichtet deine Brüste ab, bekritzelt wie sie sind. Er führt dich eine Etage höher in ein kleines Einbettzimmer. Die Bettwäsche ist mit gelben und roten Blumen bedruckt. Diese Farben haben etwas Beruhigendes. *Es hat wieder angefangen zu regnen*, denkst du und siehst dem Sprühregen zu, der auf die großen grünen Bäume vor dem Fenster niedergeht. Du siehst auch Zigarettenrauch. Ein Mensch, dessen Körper nicht zu sehen ist, raucht auf dem Balkon nebenan. Diese unerlaubte Freiheit tut weh. Sitzen und rauchen, in den

Regen blicken und mit dem Rauch alles aus sich herausblasen. Den ganzen Schmerz. Mit jedem tiefen Seufzer neuen Sinn einatmen.

Sie haben dir einen blauen Krankenhauskittel, eine blaue Mütze und blaue Schlappen aus Leinenstoff gegeben. Du ziehst dich um, setzt dich aufs Bett und wartest. Dir ist kalt, denkst du. Vielleicht denkst du auch für einen Moment, du würdest nicht gut hören. Du bist dir der Geräusche bewusst, die es hier gibt, aber sie dringen nicht zu dir durch. An die Kinder denkst du nicht. *Wir machen das alles nur, damit es mir ganz sicher gut geht*, hast du ihnen gesagt. Sie haben geschwiegen. Versucht, fröhlich zu sein. Eine Umarmung kostet Kraft. Es ist schwer, tief einzuatmen und den Körper aus der Umarmung zu lösen. Deshalb habt ihr den Blick gesenkt, ihn auf den Boden, auf das Muster eures Teppichs geheftet. Jetzt denkst du nicht an die Kinder. Kein Platz für Schwäche in dir. Du denkst auch nicht an M., denn Platz für Flucht ist auch keiner da. Du bist hier. Deine Beine baumeln vom Bett und dir ist kalt.

Du wirst zur Anästhesistin gebracht. Sie stellt dir Fragen. Du gibst witzige Antworten. Zerschmetterst die Angst wie ein dickes Kristallglas aus der Vitrine im Haus deiner Kindheit. Sie findet das nicht lustig. Sie runzelt die Stirn, während sie dich ansieht. Sie will nicht hier sein. Es ist sieben Uhr abends. Und Mittwoch, was für ein müder Tag. Und regnerisch. Es gibt so viele Orte, an denen sie jetzt bestimmt viel lieber wäre.

Dann wirst du in den Operationssaal gebracht. Du legst dich auf den Tisch. Blaue viereckige Fliesen an den Wänden, wie in der Metzgerei, in der du montags oft ein Beefsteak für deinen Sohn kaufst. Der Einstich der Nadel in deine Vene schmerzt. Noch Monate später wird diese Vene wie ein verwil-

derter Karstfluss aussehen, eine auseinandergezogene Steppnaht unter deiner Haut. Über dir ist grelles Licht. Die Anästhesistin und zwei Krankenschwestern sind im Raum. Der Chirurg
ist noch nicht da. Du fragst dich, ob er neben dem Fenster deines neuen Zimmers raucht. Du erinnerst dich an das flaue Gefühl, das du hattest, als ihm beim Zeichnen auf deiner Haut
der Marker aus der Hand fiel.

Die Schwestern nehmen deine Arme und Beine. Sie umwickeln sie mit Verband und fixieren dich am Tisch. Dass du dich
nicht bewegen kannst, macht dir Angst. Du hörst dein Herz
in den Ohren. Du hörst auch, wie sie sprechen. Du verstehst
ihre Worte nicht, weißt aber, dass sie nicht an dich gerichtet
sind. Sie reden nicht über dich. Du bist irgendwo unter ihrer
Welt. Auf dem kalten OP-Tisch, auf dem sie deinen Körper
zurechtrücken und arrangieren. Durch den linken Arm fließt
Ruhe herein, überflutet dich.

Die Operation dauerte fünf Stunden. Das spürtest du natürlich nicht. Du spürtest nur die Schmerzen. Stöhnen weckt dich. Langsam wird dir bewusst, dass du das bist. Dein Körper wehrt sich gegen die Position, in die er gebracht wurde. Außerstande, sich zu rühren. Du bist gefangen in einer Welt unter der Welt, in der der Verstand keinen Zugang zum Körper findet. Bestimmt wurdest du schon früher geweckt, du erinnerst dich aber nicht daran. Obwohl, dir scheint, als hätte jemand schon lange aus der Ferne deinen Namen gerufen. Du versuchst mehrmals zu sagen, dass du Durst hast, aber sie geben dir nichts zu trinken. Sie wollen nicht, dass du brichst. Du bittest sie immer wieder um Wasser. Die Schwester kommt mit einer feuchten Mullbinde und wischt dir damit über die Lippen. Du willst sie aussaugen, gierig. Sie sagt, sie werde dir noch mehr bringen, später. Du hast kein Zeitgefühl mehr, doch dass Nacht ist, weißt du. Tiefe Nacht, deine Mutter ist nicht bei dir. Es ist ihnen gelungen, sie nach Hause zu scheuchen. In die leere, fremde Wohnung, unter der die Zagreber Straßenbahnen dröhnen. Irgendwann hält dir jemand ein Telefon ans Ohr. Du weißt, was du jetzt sagen musst. Mit möglichst gefasster Stimme sagst du, dir gehe es gut, du habest gar keine Schmerzen. Es gehe dir wunderbar. Auf der anderen Seite hörst du leises, unterdrücktes Weinen. Sie fragt, ob sie dir ein Kissen unters Knie geschoben hätten. Dieses Bestehen auf einem Kissen unter den Knien nach der OP ist der Punkt, von dem aus deine Mutter die Kontrolle zurückgewinnt. Wenn sie schon nichts tun kann, kann sie wenigstens sicherstellen, dass du die nächsten Tage keine Rückenschmerzen hast. Die restliche Nacht verlangst du nach Wasser. Du siehst es vor dir. Dein Körper schwimmt im flachen Wasser am Strand von Pelješac, um dich herum glitzern die Farben des Küstendorfs. Die Wellen schaukeln dich. Doch diesmal willst du einen Fluss, du willst kein Salz. Du überzeugst die Schwester, du würdest dich nicht übergeben. Sie bringt dir ein Glas mit einem kleinen Strohhalm. Er gleitet dir aus dem Mund, noch bevor du richtig daran ziehen kannst. Erst als du das Wasser im Mund spürst, hast du Gewissheit, dass du lebst.

Du müsstest schlafen, kannst aber nicht. Jetzt, da du endlich die Augen geöffnet hast, weigerst du dich, sie wieder zu schließen. Dir ist übel, aber du brichst nicht. Nach der ersten Operation hast du stundenlang gebrochen. Der Schmerz ist dumpf. Du willst die Hand heben und deine Brüste befühlen – die Prothesen, die vorgeben, sie wären deine Brüste. Die Hand kann sich nicht rühren. Du fragst, ob der Regen aufgehört habe. Du fragst, ob es windig sei. Du erinnerst dich nicht, was die Schwester dir antwortet. Fast die ganze Nacht wird sie neben deinem Bett verbringen. Du wirst erzählen. Dinge sagen, die du niemandem sagst. Du wirst erzählen, wie du den Stein in der Brust ertastet hast und wie deine Ehe auseinanderging. Du wirst ihr sogar sagen, du habest gewusst, dass er dich betrog. Erzählen, dass der Schmerz zu groß war, um irgendetwas zu sagen. Du also geschwiegen hast. Dich selbst davon überzeugt hast, nichts zu sehen. Schon damals hast du begonnen, deinen Körper nach Krebs abzusuchen. Fast fünf Jahre hat es dich gekostet, ihn zu finden. Die Schwester stößt einen lauten Seufzer aus. Dir scheint, sie will etwas sagen. Doch sie schweigt. Du weißt nicht, ob sie eingeschlafen ist oder weint. Es ist dir fast egal. Du musst einfach deine Stimme hören. Um zu wissen, dass du lebst. Du in diesem Körper, in dem der Schmerz nachhallt.

Am Morgen wirst du dich davon überzeugen, dass die Schmerzen im Liegen nicht annähernd vergleichbar sind mit den Schmerzen, die du beim Bewegen hast. Du musst aufstehen und ein paar Schritte gehen. Sie verlangen sogar von dir, allein zur Toilette zu gehen und dir die Zähne zu putzen. Du bist unfähig, dich zu rühren. Der Schmerz in der Brust verschlägt dir schon beim bloßen Versuch, den Oberkörper zu bewegen, den Atem. Deine Mutter ist bereits da. Sie hilft dir. Schiebt ihren Arm unter dich und richtet dich auf. Du weißt nicht, ob du weinst. Ein gedehnter, dumpfer Ton entweicht dir. Es ist ein Schmerzensschrei, der das Verschieben der Silikonbälle unter der Haut, auf dem zerschnittenen Fleisch, begleitet.

Nach einigen Augenblicken im Sitzen kehrt der Schmerz auf der Skala auf seine Position der vergangenen Nacht zurück. Du verlagerst dein Gewicht ganz langsam auf die Beine. Stehst vornüber gekrümmt. Aus deinem Körper kommen, das siehst du erst jetzt, seitlich neben den Brüsten zwei Schläuche, die in einer Plastikflasche enden. Bei der letzten Operation hast du gelernt, wie wichtig es ist, die Farbe des Bluts, das aus dir fließt, zu beobachten. Wenn es aufhört zu bluten, wirst du entlassen. Sie erlauben dir nicht, dass deine Mutter für dich die Schläuche hält, während du an sie gelehnt winzige, schwere Schritte machst. Du musst sie selbst tragen, indem du beide in eine Hand nimmst. Du fragst nicht: *Warum?* Du sagst, du sehest aus wie Doktor Oktopus. Sie erwidern nichts. Weder die Krankenschwester (morgens kam eine neue, es ist nicht die, mit der du die Nacht verbracht und der du deine Geheimnisse anvertraut hast) noch deine Mutter sagen etwas. Du willst es ihnen erklären, entscheidest dich aber, den Mund zu halten. Der Weg zum Bad ist jetzt lang.

Während der nächsten sieben Tage, die du im unbequemen Bett deines Zagreber Zuhauses verbringst, wird der Schmerz unerbittlich sein. Er wird mit jeder Bewegung stärker werden. Du wirst versuchen, ihn auszutricksen. Eine Bewegung zu finden, bei der er nicht so schnell hinterherkommt. Wenn du dich aufrichtest, meinst du, die Bewegung der Silikonprothesen in dir zu hören, einen kreischenden Ton, unter dem dein Gewebe aufjault.

Du erinnerst dich nicht, wie alt du warst, als du deine erste Menstruation bekommen hast. Vielleicht zwölf. Du bist im Badezimmer. Im weißen Schlüpfer sind drei kleine dunkle Flecke. Drei Sprenkel. Ein merkwürdiges Sternbild, dessen Ursprung du im ersten Moment nicht entschlüsseln kannst. Dir fällt ein, dass du das alles schon weißt. Du glaubst, es handle sich um etwas, das zu viel ist, das herausfließen muss, das gehen muss, weil du sonst keine Frau werden kannst. Im Unterbauch spürst du einen Schmerz. Dir wird bewusst, wie schwer die Verwandlung werden wird, dieses Überfließen in einen Frauenkörper. Du wirst das Gefühl nicht los, etwas sei falsch daran, dass Blut aus dir fließt.

Du hast eine Packung Binden im Schrank gefunden, große Stücke Watte, die mit einem Netz bedeckt sind. Du hast dir eine Binde in deine Unterhose geschoben und dich angezogen. Die Berührung ist tröstlich. Als hättest du ein Loch in dir gestopft.

Später, du bist mit einer Freundin unterwegs. Du fühlst dich krank. Du gehst langsam, vorsichtig, als könntest du bei einer heftigeren Bewegung auseinanderbrechen. Es muss Herbst gewesen sein, die Straßen waren mit feuchtem Laub bedeckt. Der Schmerz kommt überraschend, ohne Ankündigung, wie ein Rasierklingenschnitt über deine Vulvalippen. Er lähmt den Körper. Bei jeder Bewegung aufs Neue. Du schwitzt. Dir ist speiübel. Bis nach Hause ist es weit. Wie sollst du nur den ganzen Weg mit diesem Schmerz zwischen den Beinen schaffen. Die blutige Watte klebt jetzt an den gerade erst sprießenden Härchen. Bei jedem Schritt zerreißt es dich, der Schmerz lässt dich erstarren. Deine Augen füllen sich mit Tränen. Du versuchst, möglichst kleine Schritte zu machen. Gehst mit ge-

senktem Kopf. Denkst, alle würden zu dir schauen. Dein klebriges, blutiges Geheimnis kennen. Was solche Schmerzen aus-
löst, weißt du noch nicht. Auch nicht, ob es je aufhören wird.
Ob es jedes Mal so schlimm sein wird. Nichts davon weißt du.
Du weißt nur, wie schmerzhaft es sein wird, eine Frau zu sein.

Sieben Tage nach der Operation steigt ihr ins Auto und fahrt nach Hause. Frühmorgens wart ihr noch einmal in der Klinik, der Chirurg erneuerte den Verband um deine Brüste. Du versuchtest, einen Blick auf sie zu werfen, doch da du lagst und er sich über dich beugte, konntest du nur ein Stück blau angelaufener Haut sehen. Die Schmerzen waren noch stark, und so war es dir beinahe egal. Danach musstest du die Treppen hinuntersteigen, dich ins Auto setzen und eine Position finden, in der du die Fahrt bis Mostar durchstehst, während sich deine Mutter nach vorn gebeugt ans Lenkrad klammert. Und besorgt fragt, ob du bequem sitzt. Ob es zu doll zieht. Ob ihr eine Umleitung fahren müsst. Durch die Lika fahren müsst, die Lika, über die Karakaš schreibt, und die dich jetzt, während eure Reise unvorhergesehene Stunden frisst, auf andere Gedanken bringt, vom Körper ablenkt. Die graue, vom Wind gepeitschte Landschaft ist vermutlich der einzige Ort, an dem zu sein gerade einen Sinn hat. Weit entfernt von der Realität, vom Schmerz, von der Auflösung deines Körpers.

Erst zu Hause wirst du sie sehen, zwei Tage später. Im Badezimmer nimmst du den Verband ab, stellst dich vor den Spiegel und weinst. Sie sind geschwollen und blau. Die Brustwarzen schwarz. Davor hat er dich gewarnt. Er hat um sie herum geschnitten. Ein gewisses Risiko besteht, dass der Körper diesen Kniff ablehnt, dass er sich weigert, die durchschnittenen Bande wiederherzustellen. Die Brüste sind mit großen, festen Wundkrusten bedeckt. Das Gewebe darunter ist sich noch unsicher, ob es absterben will oder nicht. Doch das würde eine neue OP bedeuten. Sieben Tage wirst du sie beobachten. Die linke wird sich schon bald rötlich färben. Die rechte weniger gut aussehen. Du wirst nach Möglichkeiten suchen, ihnen zu helfen. Du hast schon genug von dir verloren. Mehr gibst du nicht her. Dein Gehirn arbeitet ununterbrochen, es versucht, eine Lösung zu finden. Dir fällt wieder ein – Alkohol verbessert die Durchblutung. Die nächsten sechs Tage trinkst du. Kirschlikör. Limoncello, den du diesen Sommer aus Italien mitgebracht hast. Rotwein. Und Weißwein. Freunde gehen ein und aus. Sechs Tage dauert sie, die Feierei, die Parade des Vergessens von allem, was weh tut, dein hysterischer Wunsch, alles zu korrigieren, deine Überzeugung, stärker als alles zu sein, das ununterbrochene Reden über zwei Brustwarzen. Auch auf der rechten siehst du nun feine rosafarbene Pünktchen unter dem Schorf, feine Lebensfunken. Du weißt, dich kann nichts besiegen.

Irgendwo in deinem Innern, im stillsten Teil deiner Selbst, trauerst du um deine Brüste. Die neuen gefallen dir nicht. Diese Bälle, die den Rhythmus deines Körpers missachten. Deine Freundinnen sagen dir, die Brüste seien schön: *Sieh doch mal, wie schön sie stehen, sei doch froh, dass deine Brüste nicht so hängen wie meine.* Du willst sagen: *Fickt euch doch mit euren Hängebrüsten, meine waren schön.* Machst du aber nicht.

Am siebten Tag steigt ihr ins Auto und fahrt zurück nach Zagreb, auf jener langen grauen Autobahn, die immer ermüdender wird.

Du bist zwölf Jahre alt. Ihr wohnt in der kleinen Wohnung im vierten Stock. Wenn Papa von der Arbeit heimkommt, ist er müde. Ein bisschen hat er auch getrunken. Hatte auf Arbeit nichts zu tun, also ging er in die Kneipe. Wenn es zum Mittagessen kein Fleisch gibt, stört ihn das. Soweit du dich erinnern kannst, ist das fast das Einzige, was er immer sagt, neben: *Wie war's in der Schule*, worauf du jeden Tag antwortest: *Gut*. Und dann schweigt ihr. Dieses Mittagessen mit Fleisch kocht Oma, die dich mit aufzieht, denn auch Mama geht arbeiten. Sie kommt nicht mal zum Mittag heim. Sie arbeitet ganztags. Er fläzt sich nach dem Essen in den Sessel, legt die Beine auf den Couchtisch, nimmt die Fernbedienung in die Hand und schläft ein.

Heute hast du die Musik im Radio lauter gedreht. Du sitzt im anderen Sessel, ihm gegenüber. Du müsstest für die Schule lernen, du lernst aber nicht. Du zeichnest in ein großes Heft. Du machst jeden Tag Zeichnungen von ihm, während er schläft. Seine Gestalt fasziniert dich, derart statisch, ausgestreckt im Sessel, in immer gleicher Pose, während sich die Tage abwechseln. Wie ein ausgestopftes Tier. Manchmal denkst du, er wäre tot, und freust dich. Manchmal hoffst du abends, wenn du im Bett liegst, dass er nie wieder nach Hause kommt. Dass er verschwinden möge, er und sein langsamer Trott hinter sich selbst her, die Pausen, in denen er sich einzuholen versucht. Du bist nie sicher, ob er dieses Mal wieder zu sich kommen oder für immer erstarrt bleiben wird. Als ob ein lebendiger Mensch einen mechanischen Aufsatz bekommen hat. Dann erkennst du das Brummen seines Autos in der Zufahrt zum Haus. Du vergräbst dein Gesicht im Kissen und versuchst, so schnell wie möglich einzuschlafen, um an nichts mehr zu denken. Schon damals beherrschtest du die Kunst des Nichtnachdenkens.

Jetzt hat er dir gesagt, du sollst das Radio leiser stellen.

»Gleich.«

»Mach leiser!«

»Gleich!«

»Ich hab dir gesagt, du sollst leiser machen!«

»Und ich hab gesagt, ich mach's gleich!«

»Sofort!«

»Gleich!«

»Sofort!«

»Mach's doch selbst, wenn du willst!«

Einen Augenblick später, während die Worte noch aus euch herausplatzen, befindet ihr euch schon beim Radio. Ihr kommt im selben Moment dort an. Er bewegt seine Hand nach hinten, holt Schwung und schlägt dir auf die linke Wange. Während du den Kopf zurückdrehst (eine Bewegung fast wie Tanzen), ziehst du deine Hand hinterher, mit aller Kraft, die du in dir hast, und platzierst sie mit lautem Knall auf seiner linken Wange. Jetzt dreht er seinen Kopf zurück. Er braucht einige Sekunden, um sich von dem Schock zu erholen. Er ist beschwipst. Schläfrig. Seine Gedanken gehen langsam. Er schüttelt ein wenig den Kopf. Runzelt die Stirn und beugt sich zu dir, versucht herauszufinden, ob das alles gerade wirklich passiert ist.

Du hältst die Fäuste geballt vor dir.

»Schlag mich ja nie wieder«, sagst du langsam, beinahe gefasst.

Seine Augen verfinstern sich, werden dunkelgrün. Du rennst davon. Er versucht, dich zu fassen. Er ist schnell. Die

Wohnung klein, du kannst dich nirgends verstecken. Bis du die Wohnungstür geöffnet hättest, hätte er dich schon erwischt. Du springst in die Ecke der Couch, lehnst dich an und strampelst wie wild mit den Beinen. Seine Fäuste fliegen auf dich. Aber deine Beine sind stärker. Deine Beine sind schneller. Er kann dir nichts anhaben. Kein Mensch kann dir was anhaben. Für einen Moment ist er verwirrt. Er weiß nicht, woher diese Kraft kommt. Fragt sich, wie du so dreist sein kannst. Er wird immer wütender. Beißt die Zähne zusammen. Schlägt stärker zu. Versucht, dich zu erwischen. Dich zu fassen zu kriegen. Deine Beine sind eine unzerstörbare, eine nicht zu stoppende Maschine. Er krümmt sich vor Schmerz. Du springst über ihn, schnappst dir im Flur deine Sneakers und rennst aus der Tür. Du rennst immer weiter, bis du unten ankommst. Der Nachmittag ist herbstlich, ein kalter Wind weht. Die Straße ist menschenleer. Nur die Bosnierin sitzt auf der Mauer und sieht dich an.

Seit dem frühen Morgen kommen Frauen in dein Haus. Du kennst sie nicht. Sie tragen alle lange rote Kleider mit großem Ausschnitt. Sie singen leise, die Stimme ein Flüstern, Murmeln, du kannst keine Worte unterscheiden. Ihre Lippen sind geschlossen, du fragst dich, woher die Laute kommen. Sie lassen sich eine neben der anderen auf Couch, Stühlen und Boden nieder. Ihr Haar ist lang, sie tragen es offen. Draußen rieselt Pulverschnee. Dir fällt ein, dass du die Bücher auf dem Balkon liegen lassen hast. Der Balkon sieht anders aus. Dort stehen jetzt dein Schreibtisch und ein mit großen blauen Kissen bedecktes Sofa. Überall häufen sich deine Bücher. Auf einem Tablett sind kaputte Gläser mit Rotweinresten gestapelt. Du willst die Bücher einsammeln, doch deine Besucherinnen sagen dir, das sei jetzt nicht wichtig. Du weißt nicht, welche von ihnen spricht. Ihre Münder bleiben geschlossen. Du möchtest sie fragen, wer sie sind, warum sie hier sind. Noch bevor du es aussprechen kannst, antworten sie dir. Im Chor. Jetzt öffnen sie den Mund. Ihre dunklen Mundhöhlen sind Portale zu einer anderen Welt. Ihre Kleider aus Brokat. Sie rascheln laut. *Wir sind hier, um die Brüste nachzuzählen*, sagen sie. Du fürchtest, dein Mund könnte sich in ein ebenso schwarzes Loch verwandeln, wenn du ihn öffnest.

Dir wird bewusst, dass es Nacht ist. Das Haus hat kein Dach mehr. Der Himmel ist zähflüssig und schwarz, riesige, metallische Medusen schwimmen darin.

»Ich bin nicht sicher, ob meine Brüste«, sagst du leise, »als Brüste zählen.«

Nur über dem Haus ist Nacht, auf dem Balkon ist noch Tag. Die Flocken werden zu Holunderblüten. Rieseln. Das sei bestimmt ein gutes Zeichen, sagen dir die Frauen. Keine von ihnen habe je von Schnee oder Holunder geträumt.

»Zeig sie uns!«, sagen sie. »Dann wissen wir, womit wir es zu tun haben.«

Du ziehst dein Nachthemd aus und stehst in Unterhose vor ihnen.

Deine Brüste gefallen ihnen. Sie stehen eine nach der anderen auf, kommen zu dir und befühlen sie. Ihre Finger sind kalt. »Das liegt daran, dass wir tot sind«, sagen sie, »das ist völlig normal.« Dann kehren sie an ihren Platz zurück.

Sie beginnen zu zählen. Eins plus eins plus eins plus eins ... fünfzig Mal. Sie wissen nicht, wie sie mit dir verfahren, dich in ihrer Rechnung unterbringen sollen. Sind es mit dir zusammen fünfzig oder zweiundfünfzig?

Schwarze dicke Tropfen fallen auf euch herunter. In ihnen sind kleine lila Fische. Wenn er Fische weint, sei der Himmel am traurigsten, sagen sie.

»Werde ich auch sterben?«, fragst du und bedeckst dabei mit der Hand den Mund, aus Angst, dieses schwarze Loch könnte dich von innen verschlingen. »Werde ich sterben?«

Sie fangen erneut zu singen an. Wieder mit geschlossenem Mund. Sie kommen näher zu dir heran. Legen ihre Hände an deinen Körper, heben dich hoch und tragen dich hinüber aufs Bett. Das Bett ist eine riesige, tiefe Wanne. Sie stehen im Kreis um dich herum. Ihre Kleider rauschen wie das Meer. Sie ziehen sich die Haare vom Kopf. Lassen sie büschelweise in die Wanne fallen, auf dich. Das Haar lebt, schwimmt um dich her, liebkost dich. Ihre Gesichter sind nun das Gesicht deiner Mutter. »Was singst du da für ein Lied, so mit geschlossenem Mund?«, fragst du.

»Oh, das ist nur das Lied der Entstehung«, sagen sie-deine Mutter, »so gebäre ich dich noch einmal.«

Die Untersuchung ist für zehn Uhr morgens angesetzt. Du bist glücklich. Der Schorf schält sich schon ein wenig ab. Das Brustwarzengewebe darunter rötet sich. Du feierst deinen Sieg im Stillen. Du wartest auf den Moment, in dem du sein Sprechzimmer betrittst und ihm von deinem perfekten Plan erzählst – davon, wie du deine Brustwarzen mit Suff gerettet hast. Doch bevor du dazu kommst, tatsächlich etwas zu sagen, bemerkst du, dass sein Gesicht nicht mitmacht. Er stößt einen tiefen Seufzer aus. Du verstummst. Er sagt, es habe noch einen dritten gegeben. Noch einmal hatte jemand dein Fleisch zerschnitten, die abgenommenen Brüste, hatte mit zusammengekniffenem Auge unterm Mikroskop in sie hineingesehen und ihn gefunden. Ein dritter Tumor, ganz winzig und unsichtbar für alle Apparate, die bisher versuchten, das Dunkel in dir zu durchleuchten. Nicht größer als zwei Millimeter. Er befindet sich neben der rechten Brustwarze. Die muss nun ab. Sie und das Gewebe drumherum. Er wird dich noch am selben Tag um acht Uhr abends operieren.

Danach werde nicht mehr genug Platz sein, um die Prothese wieder einzusetzen. Du erinnerst dich nicht mehr, was ihr noch alles besprecht. Du weißt nur, dass du die Brüste nicht aufgeben willst. Dass du diesen riesigen Schnitt quer über die flache Brust nicht willst. Nicht willst, dass der Krebs entscheidet, wie dein Körper auszusehen hat. Du beißt die Zähne zusammen, presst deine Kiefer aufeinander. Dann durchbrichst du die Verkrampfung, zwingst die Wörter, sie zu zerbröseln. Du verlangst, dass man dir einen Expander einsetzt, eine halbleere Prothese mit einem Ventil, durch welches sie nach und nach aufgefüllt wird, bis sie die Größe der linken Brust erreicht hat. Dann nehmen sie das Ventil weg, die Prothese bleibt. *Wir können sogar die Brustwarze rekonstruieren, später, wenn alles vorbei ist.* Das sagt er nur, um dich zu beruhigen. Am Fenster hinter ihm sind Jalousien, durch die schwaches Novemberlicht hereindringt. Das Bild ist stärker als der Ton. Den restlichen Tag lauft ihr durch die Straßen Zagrebs. Ihr geht in Geschäfte. Kauft zwei schwarze Kleider und rote Stiefel. Sie kauft dir das alles, sie wählt alles aus, drängt dich, es anzuprobieren, dich im Spiegel anzusehen. Erst da bemerkst du, dass deine Augen trüb und feucht sind. Später geht ihr die langen, verregneten Straßen entlang bis zu einem Laden, in dem Perücken verkauft werden. Ihr habt ihn im Internet gefunden. Sie, deine Mutter, möchte dir eine Perücke kaufen. Damit du vorbereitet bist. Auf alles vorbereitet. Sie möchte jedes Loch stopfen, durch das zusätzliches Leid dringen könnte. Du weißt nicht, was du davon hältst, was du wirklich von all dem hältst. Wahrscheinlich glaubt ein Teil von dir auch, du bräuchtest das. Glaubt, alles müsse genau so gemacht werden. Diese militärische Haltung. Gehorsam und Bereitschaft. Der unsinnige Wunsch, allem Schlimmen zuvorzukommen.

Im Laden sind zwei Verkäuferinnen. Sie tangiert dein Schmerz und das verzerrte Gesicht deiner Mutter nicht. Ihre Augen sind dunkler geworden, weil du traurig bist. Weil du deinen Kiefer zusammenpresst. Weil dein Körper starr ist. Die Verkäuferinnen bringen ein paar Perücken. Du setzt sie auf. Verschiedene Versionen deiner selbst, unter künstlichem Haar verborgen, wechseln sich im Spiegel ab. Deine Mutter hofft, dass dir die Perücken gefallen. Sie sagt dir, wie schön du seist. Wie wunderbar sie dir stehen. Wie ähnlich sie deinen Haaren sehen. Ihr tut weh, dass du nicht zustimmst, dass du aufgehört hast, dass du dich weigerst, den Tag mit falschem Kopfhaar auszubessern und zu behaupten, alles werde gut. Geknickt verlasst ihr das Geschäft. Du weinst. Erst da, während ihr so durch die leeren Straßen irrt, unter dem grauen wütenden Novemberhimmel, dem deine Trauer gleichgültig ist, kannst du für einen Moment inneren Frieden finden.

Um sieben seid ihr in der Klinik. Eine Stunde sitzt ihr im Wartesaal. Du gehst in sein Sprechzimmer. Diesmal ist der Marker blau. Die aufgezeichneten Linien tanzen auf der rechten Brust, umtanzen die schwarze Brustwarze, unter der rötliches Leben sprießt. Dann bist du wieder im selben Zimmer. Diesmal ist die Bettwäsche blau-weiß. Du ziehst dich aus. Ziehst den blauen Kittel und die blauen Schlappen an, setzt dir die blaue Haube auf. Diesmal beantwortest du keine Fragen. Du unterschreibst das Papier, auf dem jemand für dich deine ganzen Antworten ausgefüllt hat. Wieder ist dir kalt. Es regnet nicht. Keiner raucht auf dem Balkon neben dem Fenster. Im OP-Saal binden sie dich wieder an den Tisch. Die Anästhesistin müht sich ab, im linken Arm eine gute Vene für ihre dicke Nadel zu finden. Wieder ist das Licht über dir grell. Wieder der Tisch unter dir kalt. Wieder würdest du am liebsten weinen. Doch dafür, scheint dir, ist keine Zeit. Die Geste ist überflüssig.

Mit deinem nach Berührung lechzenden Körper wirst du nur schwer fertig. Du bist dreizehn Jahre alt. Es ist Nachmittag. Mutter ist bei der Arbeit. Vater schläft in seinem Sessel. Oma macht den Abwasch oder die Wäsche, oder reinigt die Vorhänge, oder bügelt, oder ermahnt deinen Bruder zu lernen. Du schließt dich ins Schlafzimmer ein. Ziehst dich komplett aus. Schlüpfst in Mamas gelbes Kleid mit dem tiefen Ausschnitt. Es ist dir zu groß. Gibt den Blick auf deine nackten, gerade erst gewachsenen Brüste frei. Du hast roten Lippenstift aufgetragen. Deine Lippen schieben sich auseinander. Du stoppst diese Bewegung, indem du dir auf die Unterlippe beißt. Du hängst dir eine lange Halskette aus grünen Perlen um. Sie sind kalt auf deiner Haut. Du bewegst die Kette. Lässt sie an der erregten, aufgestellten Brustwarze einhaken. Du siehst dir deine Lippen im Spiegel an. Deine Augen im Spiegel. Die leicht geschlossenen Lider. Die Wimpern bewegen sich langsam hoch und runter. Du beugst dich vor. Durch die halb heruntergelassenen Rollläden hinter dir dringt milchiges Licht. Du verschmierst mit der Hand den Lippenstift in deinem Gesicht. Deine Lippen zittern. Du willst in etwas beißen, einen fremden Körper, fremde Haut. Zubeißen, bis Blut spritzt, bis die Hitze in dir aufgehört hat. Du presst dir ein Kissen zwischen die Beine. Auf deinem Nacken treten Schweißperlen hervor. Dein Körper verkrampft sich. Kurz bevor du die genussvolle Befriedigung erreichst, steigt Unbehagen in dir auf. Du ziehst schnell alles wieder aus. Schüttelst das Kissen. Legst es zurück an seinen Platz. Das Kleid auf den Bügel. Die Kette ins Kästchen. Den Lippenstift ins Necessaire. Du tilgst die Spuren. Flüchtest nach draußen. Um wieder Kind zu sein.

Die rechte Brust ist ein kleines, geschlossenes Auge. An ihrem äußeren Rand, derselben Stelle, an der du die harte Ausbuchtung, die den Lauf deines Lebens veränderte, ertastet hast, befindet sich unter der Haut ein Ventil. Immer wieder fasst du hin. Manchmal denkst du im Halbschlaf, das Knötchen wäre zurückgekehrt. Alles, was passiert ist, stünde dir noch bevor. Du gewöhnst dich langsam an den Gedanken, einen nicht biologisch abbaubaren Körper zu haben. Du redest davon, ein Wesen der Zukunft zu sein. Ein bionisches Wesen. Ein Organismus, der dank künstlicher Elemente funktioniert. Körper-Futurismus. Eine Zeit, die kommen wird. Über die organischen Grenzen hinaus. Nicht mehr ganz Mensch. Nicht mehr ganz Frau.

Nun muss der Organismus vorbereitet werden. Besser, stärker, gesünder. Bereit für die Schläge, die kommen. Deine Stimme wiederholt hartnäckig: *Das Schlimmste ist vorbei. Nach drei Operationen in eineinhalb Monaten wird die Chemo ein Klacks.* Alles, was dir empfohlen wird, schluckst du, wirfst du dir ein. Nahrungsergänzungsmittel zur Stärkung der Immunabwehr. Pflanzliche Präparate zur Behandlung von Krebs. Dein Körper wehrt sich hysterisch. Das Kind in dir brüllt. Es will nicht gehorchen. Es ist nicht bereit, unter diesem Strom verschiedenster, widerlichster Geschmäcker, die ständig durch den Mund einfließen, gesund zu werden. Es hat genug. Von dir und deinem von Narben zerschnittenen Körper. Als ob von einem Moment auf den anderen alles aufreißen würde. Du beginnst zu bluten, vaginal und rektal. Du bist dir sicher, das war es jetzt. Das endgültige Ende. Die Kapitulation deines Körpers, der nur noch auslaufen möchte.

Du fährst in die Notaufnahme. Dich empfängt der junge Arzt, den du von den Visiten nach der ersten OP kennst. Deine Freundinnen haben damals bei ihrem Besuch zu laut darüber geredet, wie gut er aussehe. Er tat so, als hörte er es nicht. Ihr habt gelacht. Jetzt positionierst du dich so, wie er es dir sagt – auf dem Tisch, auf Knie und Ellenbogen gestützt. Mit heruntergelassener Hose und Schlüpfer. In deinen Anus schiebt sich ein Gummihandschuh mit seinem Finger darin. Der Schmerz berührt dich nicht. Nur die Scham.

Einige Tage später wiederholt sich die Untersuchung. Dein Körper ist doch noch nicht an dem Punkt, von innen zu zerbröseln. Stattdessen hat sich die Schleimhaut im traumatisierten Organismus abgelöst. Es folgt eine Reihe Kontrolluntersuchungen vor der Chemotherapie. Tag für Tag. Jedes Mal ein kleiner Tod, Mordversuche durch Angst, die du trotz allem immer wieder überlebst. Du beginnst Cannabis-Öl einzunehmen, der empfohlenen Dosis gemäß. Dreimal täglich einen Tropfen, winzig wie ein Krümel auf der Spitze des Zahnstochers. Nach zwei Wochen musst du sie auf die Größe eines halben Reiskorns erhöhen. Das machst du drei Tage lang. Du liegst auf der Couch. Siehst auf den Fernseher. Denkst an nichts. Jeder Gedanke, der versucht, zu dir durchzudringen, ist ermüdend, langweilig. Jeglicher Kampf erloschen. Du bist einfach Körper. Ein müder Körper, auf dem grünen Sofa ausgestreckt, um ihn herum wechseln Tag und Nacht sich ab. In der dritten Nacht, auf Drogen und müde, stehst du auf. Dein Sohn bittet dich, nirgends hinzugehen. *Mama, siehst du nicht, wie schlecht es dir geht, du kannst kaum laufen, wie willst du zurückkommen, wenn du jetzt gehst.* Du eignest dir das Mantra an: *Fuckthisshit, fuckthisshit, fuckthisshit, fuck* ... Ziehst dich an und schminkst dich.

Du gehst aus. Unter Leute. Redest mit ihnen. Du ignorierst ihre Blicke, verwirrt von deiner verlangsamten Art, deinem unvermittelten Lachen ohne ersichtlichen Grund. In deiner Welt existiert nichts mehr bis auf die Entscheidung, dass du alles, was kommt, aufrecht durchstehen wirst.

Der Eingang zum Haus ist unter einem Vordach. Sieben Stufen führen zu ihm. Dort spielt ihr, du und deine Freundinnen. Oder ihr sitzt dort und quatscht. Meistens seid ihr auch dort, wenn dein Vater von der Arbeit heimkommt. Während er auf euch zukommt, hört ihr auf zu sprechen. Du senkst den Kopf und schaust zu Boden. Die Stufen sind grau, gesprenkelt von zahlreichen schwarzen und weißen Pünktchen. Du blickst nicht auf, weißt aber, dass er beim Gehen leicht schwankt, sich am Geländer festhält und einen Linksdrall in eure Richtung hat. Ihr verstummt noch härter, schwerer. Wenn er bei dir angekommen ist, hält er inne, legt dir langsam die Hand auf den Kopf und wuschelt dir durchs Haar. Seine Hand ist schwer. Trägen Schrittes verschwindet er im dunklen Flur hinter euch. Ein scharfer Geruch nach Alkohol bleibt von ihm zurück. Ihr verharrt weiter schweigend, bis der Geruch sich verzogen hat. Meistens schwankt sein Körper nur ein bisschen. Er kann sich immer mit nur einer Hand festhalten. Nur einmal hielt er sich mit beiden fest, an beiden Geländern. Er ging langsamer und schwankte, taumelte nach links und nach rechts. Aus seinem rechten Hosenbein tropfte etwas Braunes auf den Boden. Am Hintern hatte er einen großen braunen Fleck. Der Gestank nach Alkohol mischte sich mit dem Gestank nach etwas, von dem du nicht zugeben wolltest zu wissen, was es ist. Diesmal schauten auch deine Freundinnen zu Boden. Dein Schamgefühl überschwemmte sie.

Gelbes Licht. Es klingelt an der Tür. Dein Sohn ist Schokolade kaufen gegangen und kommt nun zurück. Wie gelb doch das Licht in eurem Haus ist, denkst du, während du ihm öffnest. Draußen regnet es. Er steht in deinem Rücken. Das Haus steht leer vor dir. Das große Wohnzimmer mit Küche und Essbereich, die offene Schlafzimmertür. Das Haus öffnet sich zu dir, leise und ruhig. Als wünschte es, du würdest es dir einprägen, in seinem Gelb, das vom hereindringenden Grau mehr und mehr verdorben wird. Ist es sinnvoll, sich das Haus einzuprägen – gerade jetzt? Etwas ist falsch an dieser Gedankenkette. Deine Erinnerung ist nutzlos. Kann sich das Haus dich einprägen? – Das ist die Frage. In engen Jeans und großem, ausgeleiertem Baumwoll-T-Shirt? Dein Haar ist frisch gewaschen, es fällt dir offen auf die Schultern. Noch hast du Haare. Die Perücke ist im Karton (sie kam mit der Post, wie das Geschenk eines Freundes). Du bist bereit. Obgleich du sie gar nicht tragen willst. Auf keinen Fall ständig. Nur ab und zu. (Vielleicht, wenn du dich mit M. triffst.) Sie ist weiß. Vollkommen unnatürlich. Das war deine einzige Bedingung. Deine Perücke sollte unnatürlich aussehen. Wie eine Perücke eben. Ja, Perücke. *Das da auf meinem Kopf ist eine Perücke!* Damit ja keiner denkt, du wolltest dich unter fremden Haaren verstecken. Damit sie ja nicht auf den Gedanken kommen, du wärst nicht stark. Ganz egal, wer sie sind. Solange sie ihre Rolle nach den Regeln spielen – die Zeuginnen und Zeugen, die deine Existenz garantieren. Sie sehen dich an. Du kämpfst. Du siegst. Du kannst alles. Du gegen alle.

Du hättest Lust, eine zu rauchen. Den Rauch tief in dich hineinzuziehen. Machst es aber nicht. Vielleicht eher ihretwegen als deinetwegen. Ist das nicht die dümmste, die sinnloseste Sache der Welt – Krebs haben und rauchen? Diese Angst verspürst du nicht. Du spürst nur den fremden Blick, der dich verurteilt.

Irgendwo tief, tief in dir ist es friedlich. Du stehst aufrecht. Dein Körper wiegt sich leicht hin und her. Du hörst den Lärm nicht, das Rauschen, das dich in Panik versetzen will. Du fürchtest dich nicht. Deine Augen sind weit geöffnet. Du weichst deinem Blick im Spiegel nicht aus. Du willst durchdringen, was du im Inneren siehst. *Ist das der Tod?* Dieser dunkle Kreis, der sich weigert, vor deinem Blick zurückzuweichen. Eine zerlaufene Pupille, die dein Auge frisst.

Du hast das leere Haus vor dir und fühlst nichts in diesem Moment, während du die Schritte deines Sohnes im Rücken hörst. Müsstest du weinen? Daran denken, was er machen soll, wenn du ...? Du fühlst nichts. Vielleicht ist das der Ort, der bleibt, jenseits von Schmerz, jenseits von Angst.

In diesem Moment kommt in die ganze Geschichte er hinein. Ein Mann. Ein Liebhaber. Ein echter Mensch, der versuchen wird, dich zu retten. Es gelingt ihm, dich im Hier und Jetzt zu halten. Er fliegt nicht an dir vorbei wie alles Übrige, schnell wie Schilder auf der Autobahn. Du magst seine Lippen. Seine Zähne, wenn er lacht. Wenn ihr schweigt. In der Stille seines Autos sind Worte überflüssig. Du bist schön, hier, in seinen Augen. *Du wirst auch schön sein, wenn du kahl bist*, sagt er. *Wenn mir aber die Brauen und Wimpern ausfallen?*, fragst du laut, um zu zeigen, dass dir das nicht weh tut. *Auch dann. Du wirst immer schön sein.* Er lächelt. Vielleicht glaubst du ihm sogar in diesem Moment. Und später vielleicht auch.

In einer anderen Nacht, im Stockdunkel deines Zimmers, ziehst du diese Sätze hervor, drehst sie hin und her, klebst sie auf deinen Körper, so lange, bis du weinen musst.

Jetzt hält er deine Hand in seiner, zieht sie zu seinen Lippen und küsst sie. Seine Lippen sind weich. Seine Lippen sind karamellisierter Zucker übergossen mit Milch, wie sie dir Oma gegen Halsweh gekocht hat, als du klein warst. Ihr habt euch zwei Flaschen Cidre gekauft. Vorher, mit anderen Menschen in der Kneipe, habt ihr Rotwein getrunken. Ihr habt so getan, als wüsstet ihr nicht, dass ihr nur ein, zwei Stunden später in seinem Auto sitzen solltet. Still. Mit schnellem Atem. Es ist Dezember. Es ist kalt. Die Straßen sind eng und leer. Ihr redet ein wenig darüber, ob ihr noch etwas trinken gehen wollt. Ihr wisst, ihr werdet nicht gehen. *Es ist spät*, sagt er und dreht langsam das Lenkrad um, *ich weiß nicht, ob jetzt überhaupt noch was offen hat. Wir könnten auch einfach noch ein bisschen im Auto sitzen bleiben?*

Können wir machen, sagst du leise, *können wir.*

Die Straßen fließen ineinander. Den Weg, den ihr fahrt, wirst du schon am nächsten Morgen noch einmal nehmen, mit krampfendem Magen. *Das ist doch gar nichts, ich kann das, ich bin stark.* Ihr haltet auf dem großen Parkplatz. Im Dunkeln. Die ganze Welt liegt im Dunkeln. Hell sind nur die Fenster des runden, roten, merkwürdigen Onkologie-Gebäudes gegenüber. Ihr schweigt. Das ist der einzige Ort, an dem zu sein in diesem Moment wirklich einen Sinn hat. Das Gebäude ist ein plötzlich gelandetes Ufo, denkst du. Drinnen sind die Außerirdischen in Panik. Hinter den grell erleuchteten Fenstern rennen sie hin und her, versuchen einen Fluchtweg zu ersinnen. Du bist dir sicher, dass er das Gleiche denkt. Dieser Ort kann nicht real sein.

Später küsst ihr euch. Bis die Zähne weh tun. Deine Haare tanzen. Du öffnest die Augen. Seine Hand ist an deinen nackten Beinen. Sie leuchten so schön im Dunkeln, zerstören und vernichten alles um euch her. Das Surreale an diesem Bild rettet dich am nächsten Morgen. Du parkst auf dem gleichen Platz. Steigst aus dem Auto und gehst zur ersten Chemotherapie.

Du bist erst vier. Du spielst im Hof vor dem Haus. Du trägst ein rotes Kleid, auf dem kleine weiße Herzen verstreut sind. Ihr spielt *Himmel und Hölle*. Du hüpfst auf einem Bein. Springst von einem Feld ins nächste. Du schaust auf deinen Fuß, der in einem weißen Söckchen und einem schwarzen Lackschuh steckt. Du genießt es, dich vom Boden abzustoßen, den kurzen Flugmoment, wenn die Luft deine nackten Knie streichelt. Zu kurz, findest du. Der Moment vergeht so schnell. Du willst mehr. Du überspringst immer zwei Felder. Dein Körper ist der eines Vogels. Leicht. Du willst noch mehr. Der Flug soll nie wieder aufhören. Das Gefühl von Freiheit zwischen zwei Berührungen mit dem Boden. Du springst ab, um drei zu überspringen. Beim Aufkommen verdreht sich dein Fuß und du knallst hin, mit dem Kopf zuerst. Der Aufprall der Stirn dröhnt auf dem Asphalt.

Bis zur Wohnung, in der ihr nur sechs Monate wohnt, bevor ihr reumütig in Omas Haus zurückkehrt, bringen dich deine Freundinnen. Sie haben sich bei dir eingehakt, sie ziehen dich. Du gehst mit gesenktem Kopf. Siehst kleine Tropfen Blut. Sie fallen auf die Stufen. Alle paar Stufen ein Tropfen, rot und rund auf dem grauen Beton. Ihr klingelt an der Tür. Vater macht auf. Er ist wütend. Nur für einen Moment. Wütend, weil er aufstehen und jemanden in seinen Nachmittag hereinlassen musste. Im nächsten Moment steht ihm nur noch der Schrecken ins Gesicht geschrieben. Er weiß nicht, was er mit dir in diesem Zustand anfangen soll. Das spürst du glasklar. Mama ist nicht zu Hause. Ihr beide seid allein. Er führt dich ins Wohnzimmer und legt dich auf die Couch. Er steht über dir und weiß nicht, was zu tun ist. Du spürst seine Verwirrung. Du spürst, du bist lästig, du störst, er ist nicht bereit, sich mit dir zu befassen. Er hat einen feuchten Lappen geholt und ihn dir auf die Stirn gelegt. Du rührst dich nicht. Deine Augen sind offen. Du siehst deine Füße, du hast die Schuhe noch an. Hinter der Couch ist die Tür. Neben der Tür, an der Wand, hängt eine Uhr, das weißt du, aber du weißt nicht, wie spät es jetzt ist. Du liegst da. In deiner Erinnerung hat der Nachmittag kein Geräusch. Du befürchtest, dass dies dein Ende ist. Der Tod ist ein großer schwarzer Mund, er kommt näher, um dich zu verschlingen. Vater steht neben dir, ihm fallen keine passenden Worte ein, um dich zu trösten. Du weißt nicht, ob du weinst.

(AZ)

Eine adjuvante Chemotherapie wird zur Behandlung von Erkrankten mit HER2-positiven oder triple-negativen Tumoren sowie Erkrankten mit positiven Lymphknoten empfohlen. In der Gesamtheit der ER-positiven und HER2-negativen Patientinnen muss die Entscheidung für oder gegen eine Chemotherapie auf Basis aller weiteren Risikofaktoren getroffen werden, Nutzen und Schaden der Chemotherapie sind abzuwägen. Anthrazyklinhaltige Protokolle (FEC, FAC 6 Zyklen) können allen Patientinnen verabreicht werden, besonders empfohlen werden sie HER2-positiven Patientinnen. Vor der Therapie mit Anthrazyklin (AZ) muss eine echokardiographische Bestimmung der linksventrikulären Ejektionsfraktion erfolgen. Taxane (AC-T Protokoll) empfehlen sich bei Patientinnen mit hohem Risiko. Protokolle mit dosisdichter Therapie – AC-T Protokoll (AC in zweiwöchentlichen und T in wöchentlichen Intervallen) – werden bei jungen Patientinnen empfohlen. Anthrazyklinfreie Protokolle (CMF) können älteren Patientinnen sowie Patientinnen mit kardialer Dysfunktion verabreicht werden.

Im Zimmer sind sechs Betten und acht Stühle. Du hast dir was Schönes angezogen. Hast dich geschminkt. Du bist entschlossen, alles mit einem Lächeln durchzustehen. Es hat sich ein wenig abgenutzt während der zwei Stunden, die du im Wartezimmer verbracht hast. Und dann beim Arzt in Ausbildung. Und danach bei der Ärztin. Dann haben sie dich gewogen. Endlich bist du in diesem Zimmer. Deine Augen sind groß und verschlingen die Welt. Dein Atem geht schnell und flach. Hartnäckig erhältst du dein schon müdes Lächeln aufrecht. Die meisten Betten und Stühle sind besetzt. Aus kahlen Köpfen, die mit Mützen, Tüchern oder Perücken bedeckt sind, blicken dich leere, gleichgültige Augen an. Du denkst: *Diese armen, armen kranken Leute.* Als ob du nicht eine von ihnen wärst. Das Lächeln ist ein Krampf, er beginnt weh zu tun.

»Lang wirst du nicht mehr so lächeln.«

»Doch, ich werd immer so lächeln!«

»Na, das werden wir ja sehen.«

»Ja, und wie ihr das sehen werdet.«

Ihr sagt das mit euren Blicken. Sie sagen es dir, damit es leichter für dich wird. Du bestehst jedoch darauf, das nicht zu brauchen, stärker zu sein.

Du musst dich hinlegen. Im Sitzen geht es nicht. Die Krankenschwestern bemühen sich, fröhlich zu sein. Fünf haben sich um dich versammelt. Ihr lacht laut. Um dein Bett herum findet eine kleine Party statt. Eine Erste-Chemo-Party. Auf deinem Bett, zu deinen Füßen, liegt ordentlich nebeneinander ein Dutzend Spritzen. Olivera nimmt deinen linken Arm. In den rechten darf wegen der entfernten Lymphknoten nichts injiziert werden. Sie sucht nach einer Vene. Deine Venen sind noch verhältnismäßig gut. Sie legt die Braunüle im ersten Anlauf. Erklärt dir, was sie machen wird. Die Reihenfolge ist: Prämedikation. Ein Beutel Infusion. AC Chemotherapie. Wieder Infusion. Das war's. Die erste von vier Dosen AC, alle drei Wochen eine. Danach ist zwölfmal Taxol dran, einmal pro Woche. AC + T. Standardprotokoll. In dir ist nichts Besonderes.

AC ist eine rote Flüssigkeit. Später wirst du kein Rot mehr ertragen können. Das AC ist in einem Beutel. Eine Schwester hat es gebracht, sie trug dabei Gummihandschuhe. Sie hängte es an den Ständer neben deinem Bett. Die rote Flüssigkeit tropft durch den Plastikschlauch nach unten. Dringt langsam in deinen Arm. Du solltest eigentlich nichts spüren, doch da ist eine undeutliche Verschiebung, als ob du mit einem Teil aus deinem Körper heausträtest, einen Zentimeter nur, fast unmerklich überschreitest du seine Grenze. Das Einlaufen der Therapie dauert ungefähr eineinhalb Stunden, vielleicht auch länger. Du hast dein Buch aufgeklappt und liest. Die Buchstaben tanzen vor deinen Augen, die Wörter haben keinen Sinn, die Sätze drohen dich zu ersticken, überschlagen sich. Du gibst nicht auf. Wörter sind dein Zuhause, selbst ohne Bedeutung, mit ihnen setzt du die Angst außer Kraft.

Zuhause angekommen wartest du darauf, dass es anfängt, voller Entschlossenheit, stark zu sein. *Du wirst es nicht mal spüren*, sagst du dir. Wichtig ist, den Körper in Bewegung zu halten. Wichtig ist, viel Wasser zu trinken, damit das Rote aus dir herausgespült wird. Du hast eine große Mineralwasserflasche mit Leitungswasser gefüllt, um die Menge abzumessen, und schüttest sie in dich hinein. Du rufst deine Freunde an und erzählst ihnen, wie gut es dir gehe. Du spürest gar nichts. Über deine Angst sprichst du nicht. Sie gehört nicht zu den relevanten Symptomen dieses Tages. Du rollst die Matte aus, verbringst die nächste Stunde mit Yoga. Du dehnst deinen Körper. Versicherst ihm, dass er stärker ist als diese Chemo. Mit seiner Kraft kann sich der Beutel mit der roten Flüssigkeit nicht messen. Du beendest die Yogasession um sieben Uhr abends. Da geht es los. Wie ein unerwarteter Schlag in die Magengrube und der Boden rutscht dir unter den Füßen weg.

Noch in der gleichen Nacht fing die Übelkeit an. Die Tabletten, welche sie dir gegeben hatten, halfen nichts. Die Welt schaukelte. Die Farben verschwammen. Die Wirklichkeit zerbröselte. Dein Magen ist unruhig, er will raus aus dem Körper, abhauen. Du weißt, du bist im Wohnzimmer, in deinem Haus. Hier sind deine Möbel. Die Fenster mit deinem Blick. Die Couch ist weiterhin grün. Die Küche weiß. Alles ist an seinem Platz, nur die Augen verlieren den Fokus. Als ob die Eingeweide nach draußen wollten. Als ob sich der Körper umstülpen wollte. Durchatmen. Du hältst die Augen offen, um nicht unterzugehen, doch du rutschst irgendwo tief hinab. Du wohnst in zwei Welten gleichzeitig. Die Welt deiner Wohnung, mit den bekannten Umrissen und dem bekannten Geruch, der Raum, durch den deine Kinder gehen, die Mutter, die dich drängt, etwas zu essen, obwohl du deinen Mund nicht öffnen kannst. Und die Welt, die wie eine Zeichnung auf durchsichtiger Folie über die reale Welt gelegt wurde. Dort gibt es nur schwarze und rote Farbe. Du hast dich in einem riesigen Hotel verirrt. Obwohl du es immer wieder versuchst, schaffst du es nicht, die Etagen zu zählen. Einige von ihnen haben keine Außenwände, es gibt nur das Innen, und draußen herrscht Dunkelheit. Du suchst dein Zimmer. Es ist die Nummer 303, das weißt du. Aus irgendeinem Grund ist das das Einzige, was du weißt. Die folgenden vier Tage versuchst du, in dieser Welt über der Welt, in diesem rot-schwarzen Chaos, dein Zimmer zu finden. Die Gänge sind voller Menschen, denen verschiedene Körperteile fehlen. Du kannst dich kaum durch die Menge schlagen. Du schaffst es kaum, ein paar Worte auszusprechen, wenn du mit deiner Tochter redest, die gerade neben dir auf der grünen Couch sitzt. Du bist müde davon, dir einen Weg durch diese

Körper zu bahnen. Müde von der Suche nach dir selbst, in der du nur ins Bad willst, den Körper beruhigen unterm warmen Wasserstrahl. Das Zimmer entgleitet dir. Diese Leute ähneln plötzlich Zellen, die sich übertrieben schnell teilen. Du bist kaum in der Lage zu atmen. Du drängelst dich durch. Schlägst dir deinen Weg durch sie hindurch, vier Tage lang. Wach wie schlafend suchst du nach dem Ausgang.

Zwei Wochen nach der Chemo begannen deine Haare auszufallen. Erst wurden sie spröde, fremd, tot, dann fingen sie an, sich büschelweise vom Kopf zu lösen, borstig und schwer. Vor einem Monat ließest du sie zu einem Pagenschnitt kürzen. Sie tun an der Wurzel weh. So viele andere Stellen tun dir schon weh, dass dieser Schmerz das Fass zum Überlaufen bringt. Es ist der 31. Dezember. Du gehst zum Friseur. Die anderen Frauen dort lassen sich ihr Haar für die Silvesterparty föhnen. Deine Haare fallen zu Boden. Auf dem Kopf bleibt nur ein kurz geschorener Zentimeter zurück. Bis zum Abend wird der Haarausfall immer krasser. Du setzt eine Mütze auf. Zwei weitere Tage wirst du noch mit ansehen, wie du dir selbst entgleitest, wie du dich desintegrierst. Dann schließt du dich im Badezimmer ein. Du rufst die Kinder. Erzählst ihnen, was das für ein Spaß werde. Ihr würdet ein Fest zu Ehren deiner Glatze machen. Deinen glatten Schädel feiern. Eine Parade der schnellen nachhaltigen Depilation. Sie finden das nicht witzig. Sie möchten nicht mit dir ins Bad. Sie möchten keine Komplizen sein bei einem weiteren Schritt deiner Transformation hin zur Unkenntlichkeit.

Du nimmst den Rasierapparat in die Hand. Fährst dir damit über den Kopf. Mit jedem Büschel, das herunterfällt, eroberst du dir einen verlorengegangenen, entrissenen Teil von dir zurück. Du nimmst dir den großen Rasierer, den für Männer, mit fünf Klingen. Damit kreist du über deinen Kopf, der jetzt mit einer dicken Schicht Rasierschaum bedeckt ist. Du denkst an nichts. Dieser kahle Kopf ist deine Wahl. Du bist frei. Du schminkst dich. Steckst dir große Ohrringe an. Du betrachtest dich im Spiegel. Wie schön du doch bist, denkst du.

Leck mich doch!, sagst du zum Krebs.

Bei Wunden im Vaginalbereich lassen Sie die Wanne zu einem Viertel mit warmem Wasser einlaufen. Geben Sie so viel Meersalz in das Badewasser, bis es salzig schmeckt. Setzen Sie sich in die Wanne und ziehen Sie entweder ihre Knie zur Brust oder lassen Sie die Beine ausgebreitet über den Wannenrand hängen. Bleiben Sie mindestens zwanzig Minuten im Sitzbad. Wiederholen Sie das Ganze zweimal täglich.

Du ziehst die erste Variante vor. So musst du deinen Rücken nicht an die kalte Wanne lehnen. So macht es zumindest auf den ersten Blick den Anschein, du hättest die Pose selbst gewählt, absichtlich und gern. Als wolltest du da sitzen.

Zwei Mal je zwanzig macht vierzig Minuten. Vierzig Minuten in der Wanne sitzen, im flachen Wasser. Du umarmst deine nackten Beine. Den Kopf legst du auf die Knie. Ist nicht wichtig, denkst du. Es lässt sich aushalten. Durch den eingetauchten Hintern werden schon nicht die letzten Tropfen Intimität aus deinem Körper gefiltert.

Nur noch acht Minuten und fertig! Denk nicht darüber nach! Das ist nur eine von vielen Sachen, die du machen musst. Sei froh! Immerhin tut es nicht weh, wenn du aufs Klo musst! Was würdest du dann machen? Was würdest du dann bitte machen? Stell dir nur vor, wie es dir gehen würde. Stell dir das mal vor! Sei einfach froh!

Um die Zeit besser zu nutzen, diese zwei Mal zwanzig Minuten, warum nicht gleich auch die Wunden im Mund behandeln? Du nimmst einen Krug mit Wasser, in das du Salz und Natron geschüttet hast, mit in die Wanne. Du nimmst einen Schluck und spülst deinen Mund damit. *Vielleicht werd' ich jetzt zum Fisch!*, denkst du. So viel Salz und Wasser. Es bedeckt aber nur deine Füße und füllt deinen Mund aus. *Vielleicht werde ich eine Sirene! Eine richtige Sirene!* Anstelle der Beine hättest du einen Schwanz, mit silbernen Schuppen, die im Dunkeln leuchten. Du würdest mit Sirenen-Stimme singen. Schiffe auflaufen lassen. Seemänner mit den Zuckungen deines perfekten Körpers betören. Du bist unsterblich. Du bist Frau und Fisch. Mit dem Hintern fünfzehn Zentimeter im salzigen Wasserbad bereit für die Metamorphose.

Nach zwei Tagen willst du aufgeben. Die Wunden tun noch weh. Du sorgst dich, was passiert, wenn sie sich ausbreiten. Du gewöhnst dich nur schwer an den Gedanken, dass deine Schleimhaut einfach aufreißt. Von alleine. Stille Implosion. Unsichtbare Tropfen der Chemotherapie zirkulieren im Körper, zerstören ihn langsam. *Denk doch nicht so was! Stell dir vor, wie sie dich heilt! Wie sie dir hilft! Sei froh!* Du kannst die Stille des Badezimmers nicht ertragen. Deine verschwommene Spiegelung im Glas der Duschkabine. Deinen weißen, gebeugten, völlig haarlosen Körper.

Deshalb füllst du nun das Salzbad in eine große runde Plastikwanne. Du stellst sie auf die Stufe zwischen Wohnzimmer und Küche. Auf die Stufe gegenüber vom Fernseher, auf den zu starren du vorhast, um die Zeit totzuschlagen, die Minuten, die sich so langsam und unerbittlich ziehen wie Harz. Du ziehst dich unten herum aus. Rufst den Kindern zu, sie sollen nicht ins Wohnzimmer kommen. Du hängst dir eine Decke um und lässt dich langsam in die Wanne sinken.

Doch du hast in deiner Gleichung die Masse vergessen. Das Wasser schwappt über. Es fließt die Stufe hinunter. Läuft übers Parkett. Du steckst fest. Dir bleibt nur, die Kinder um Hilfe zu rufen. Eins hält die Wanne fest, das zweite dich. Sie ziehen dich heraus. Sie holen Handtücher und werfen sie auf den Boden. Euer Wohnzimmer ist ein Strand, den die Wellen überrascht haben. Bunt, schön und nass. Ihr lacht. Durch Lachen, wie wenn der Schnellkochtopf zu pfeifen beginnt, lasst ihr eure Angst raus.

Nahrung ist dein Feind. Ein notwendiges Übel, gegen das du dich sträubst. Der Geruch ist schwer, die Textur für deinen Gaumen nie ausreichend erträglich. Oma sorgt sich deshalb immer. Warum du nicht isst. Dass du gar nichts isst. Wie dünn du bist. Haut und Knochen. Klein noch dazu. *Ein Häufchen Elend*, sagt sie einmal in der Annahme, du würdest sie nicht hören. Du denkst, du wirst nie wachsen. Immer so bleiben, klein, kümmerlich, dünn, ein Häufchen Elend. Davon tut dir der Bauch weh. Fast jeden Tag. Krampfartige Schmerzen. Und es kommt nichts heraus.

Ihr Stuhl ist hart wie Stein, weil sie nichts isst, pflegt sie zu sagen.

Das Wort verfolgt dich. Die Angst, in dir wäre ein öder, finsterer Steinbruch. Es wird noch schwerer, den Mund zu öffnen, einen Bissen hinunterzuschlucken. Der Kajmak ist hart, direkt aus dem Kühlschrank, klumpenweise auf die Brotscheibe gehäuft. Sie drückt mit den Fingern darauf, damit er schmilzt, verstreicht ihn. Du kannst dich nicht überwinden, den Mund aufzusperren.

Vor Bauchschmerzen kannst du die Beine nicht ausstrecken. Wenn dir schwer ums Herz ist und wenn du Angst hast. Manchmal müssen dich deine Freundinnen von der Schule bis nach Hause schleifen, so stark sind die Schmerzen. Das Wehklagen in dir. Dein Körper ist gekrümmt. Nach vorn gebeugt. Verkrampft.

Ihr setzt euch an den Mittagstisch. Mühsam bringst du die Gabel zum Mund. Du spürst Omas Sorgen. Mamas Sorgen. Papas Wut. Das Schweigen ist zäh. Bisweilen sagt eine der beiden: *Du musst.* Oder: *Nur noch ein bisschen.* Oder: *Noch zwei Bissen.* Oder: *Das magst du doch.* Dein Magen zieht sich zusammen, denn du weißt, du bist an allem schuld. Wenn du nur brav sein könntest, wenn du fein alles vor dir aufäßest, wäre auch an diesem Tisch alles anders, glücklicher. Diese ausufernde Stille würde euch nicht so erdrücken. Ganz bestimmt.

Papa findet, die Suppe ist das Wichtigste. Wenn du keine Suppe essen magst, droht Oma: *Ich sag's deinem Papa.* Macht sie aber nicht. Einmal hat sie dich tatsächlich bei ihm verpetzt. Er setzte dich an den Küchentisch. Vor die rosafarbene Wand, an der zwei bunte Dekoteller hingen. Er stellte dir die Suppe vor die Nase, gelbliches Wasser, in dem vereinzelte Nudeln und Möhrenstücke schwammen. Er zerriss das Brot in kleine Stücke und brockte sie hinein. Du blicktest auf das aufgeweichte Brot in dieser Brühe, auf die rosa Wand vor dir. Er schob dir den Löffel in den Mund. Du hast die Zähne zusammengebissen. Die Suppe lief über dein Kinn. Dein Magen geriet in Wallung, während du schlucktest. Er schrie dich an. Du erinnerst dich nicht, was genau er schrie, aber mit Sicherheit schrie er. Du weintest, das weißt du sicher, dieses ganze Salz konnte nicht nur von der Suppe kommen. Und dann, wie die ansteigende Flut, kotzt du los. Aus deinem Mund schießt ein Strahl hervor. Das salzige Wasser mit den aufgeweichten Brotstückchen und der Möhre kehrt zurück in den Teller, verteilt sich über den Tisch.

Er schweigt und sieht dich an. Du hast gewonnen.

Zwischen der ersten und der zweiten Chemo wurde dir dreimal Blut abgenommen. Das zweite Mal am Tag vor dem vereinbarten Termin für die zweite Chemo. Die Laborwerte der Neutrophilen und Leukozyten waren nicht gut. Die Therapie wird um drei Tage nach hinten verschoben. Drei Tage lang verfolgt dich die Angst, du könntest den richtigen Zeitpunkt verpassen. Die weißen Blutkörperchen könnten sich dauerhaft weigern, an deiner Genesung mitzuwirken. Du würdest die nächste Chemo nie bekommen können. Nie wieder normal atmen können. Ohne Krampf. Dich erdrückt die Angst, ein neuer, nunmehr vierter, könnte begonnen haben, heimlich in deinem Körper herumzuschleichen. Herumzuschnüffeln und die Stellen zu suchen, wo du am schwächsten bist, die Seitentaschen, wo dich die Kraft verlässt, ohne rote Flüssigkeit, die, durch die Venen gejagt, alles killt, was ihr im Weg ist.

Nach drei Tagen sind die Blutwerte gut genug. Aber die Venen werden langsam problematisch. Verängstigt. Verstecken sich.

Es ist Januar. Es ist kalt. Die Menschen husten und niesen. Deine Mama hat panische Angst, dass du *krank werden* könntest. Dass dir so ein sinnloser Infekt das Ende bereiten könnte. Wenn du zur Blutabnahme gehst, trägst du einen Mund-Nasen-Schutz. Vor dir – glatzköpfig, geschminkt, mit großen Kreolen im Ohr, in der schönsten Kleidung, die du hast, mit einer Maske vorm Gesicht – teilen sich die Leute wie Wasser, das über die Ufer tritt. Du bist immer die Erste in der Schlange. Über dich gleiten verborgene, mitleidige Blicke. Deshalb trägst du, obwohl es kalt ist, keine Mütze. Auch keine Perücke (die liegt weiter ordentlich verpackt in dem Karton, in dem sie gekommen ist). Du paradierst mit deinem kahlen Kopf, weiß und müde, wie mit einer Fahne. Mit ihm verkündest du, dass du stark bist, dass du, um zu bleiben, jeden Preis zu zahlen bereit bist.

Bei der zweiten Chemo verringern sie die Dosis, die Anzahl der Einheiten, die sie dir in den Körper spritzen. Sie hoffen, du wirst es so besser vertragen. Dreimal piksen sie in dich hinein, bis sie endlich eine Vene gefunden haben, die nachgibt. Du redest deinem Inneren gut zu, sich darauf einzulassen, einzuwilligen. Sich dem Beutel mit roter Flüssigkeit zu öffnen. Zuzulassen, dass sie hineinfließt. Du glaubst nun wieder daran, bist wieder entschlossen, alles aufrecht durchzustehen. Stärker zu sein als die Übelkeit, als die Bilder, die dir die Sicht vernebeln. Es existieren nur das rote Wasser in deinen Venen und du. *Dieses Mal werde ich gewinnen*, sagst du ihm, *du wirst mich nicht umlegen.*

Im Flur hast du an diesem Tag, während des zweistündigen Wartens auf der onkologischen Station, Aida getroffen. Ihr seid zusammen zur Mittelschule gegangen. Dass sie krank ist, wusstest du nicht. Und sie wusste es nicht über dich. Auch bei ihr ist es die zweite Chemo. Unter dem Tuch, das sie um ihren Kopf gewickelt hat, schauen schwarze Haare hervor. *Wo hast du denn deine Haare her?*, fragst du sie. Ihr lacht. Einen Moment lang wollt ihr euch vielleicht gegenseitig erzählen, wie es euch nach der ersten erging. Ihr lasst es bleiben. Ihr wisst, es lässt sich nicht aussprechen. Ihr Körper ist steif. Sie ballt die Fäuste, kämpferisch, entschlossen. Etwas, das für dein Auge unsichtbar ist, setzt ihr zu. Sie ist in Position, bereit zurückzuschlagen. Du hast den Eindruck, diese ganze Energie, mit der sie ihren Körper hält, versickert im Nichts, wo jede Bewegung überflüssig ist. Du fragst dich, ob du wohl auch so aussiehst. Ob dein Lachen ebenso aufgesetzt ist, die Kraft zerbrechlich?

Sie wird drei Tage im Krankenhaus bleiben. So lange dauert es, bis sie die Chemotherapie aufgenommen hat. Ihr Krebs ist in der Gebärmutter. Du bekommst deine Chemo in einer Stunde. *Was für ein Glück ich habe,* denkst du, *was für ein Glück, nur eine Stunde.*

Wieder besuchen dich nachts die Frauen. Diesmal kommen sie eine nach der anderen herein. Sie stehlen sich durch den Spiegel in dein Zimmer, setzen sich auf die Bettkante und warten, bis du aufgewacht bist. Du spürst ihre Anwesenheit und schlägst die Augen auf. Die Nacht ist ein Rabenflügel, durch den kein Licht dringt. Sie erzählen dir Geschichten über ihre Körper. Sie möchten sie auf deine Finger, auf deine Zunge prägen, damit du die Geschichten für sie erzählst. Sie halten abgerissene Brüste in den Händen, wie kleine Töpfe, die mit Tumoren bepflanzt sind.

»Ich hatte auch drei«, sagt eine von ihnen, »wie verstreute Kugeln aus einer kleinen Schrotflinte.«

An der Zimmerdecke ist jetzt die Sonne verankert, ihre Strahlen fließen die Wände hinab. Deine Zunge ist angeschwollen, als hätte sich ein Fluss in deinen Mund ergossen. Ihre Geschichten sind Baumwurzeln, sie verzweigen sich auf dir, vermischen sich mit deiner Geschichte, du weißt nicht mehr, was deine Wahrheit ist. Einige der Frauen halten ihre Gebärmutter in der offenen Hand. Vor denen würdest du am liebsten fliehen, ihnen sagen: *Das ist nicht meine Geschichte.* Sie kennen deine Gedanken. *Warte ein bisschen,* spricht es aus ihren Augen. Sie sind schwarz wie Oliven, wie das Schwarze Meer, wäre es tatsächlich schwarz.

Manche haben leere Hände und sind zugeknöpft bis zum Hals. Du weißt nicht, ob sie Brüste haben. Du weißt nicht, was sich unter ihrer Kleidung verbirgt, unter ihrer Haut. Es sind jene Frauen, die durch die Wurmlöcher der Zeit reisen.

»Wir sind deine Urmütter«, sagen sie, »dein Schmerz ist auch in unsere Zellen eingeschrieben, während du wiederum den unsrigen in dir trägst. Es werden noch mehr kommen. Wir geben unser Wissen an dich weiter.«

Das sagt Medea. Sie kam als Erste von den alten. Über sich will sie nicht sprechen.

»Meine Geschichte ist müde von der Zeit, Verrat ist stärker als Liebe, dies sind die einzigen Worte, die ich dir hinterlasse.«

Nach ihr kommt Medusa. Tänzelnde Schlangen zischeln über ihr steinernes Antlitz. Sie ist auf wundersame Weise schön. Die Schlangen kriechen auf dein Bett, zahm und warm.

»Sieh mir in die Augen. Vergiss niemals, dass du unsterblich bist. Schau dir die Statuen-Sammlung an, all die Jahrhunderte, denen ich standgehalten habe. Sterben kannst du auf eine Million Weisen, das heißt aber nicht, dass du nicht lebendig bleibst«, lautet ihr Trost.

Da wusstest du schon, dass auch Penthesilea kommen würde. Du versuchtest nicht mal zu schlafen, du erwartetest sie einfach wach. Sie schiebt sich allein ins Zimmer. Die anderen Amazonen bleiben hinter dem Spiegel. Dort, auf jener Seite der Welt, fährt Boreas, der Nordwind, ihnen mit den Fingern durchs Haar. Sie flattern wie Fahnen auf dem Schlachtfeld.

»Wir sind deine Schwestern. Hast du etwa vergessen, dass du zu unserem Stamm gehörst? Eine Kriegerin. In deinem Herzen brüllen Löwen. Auch du bist Ares' Tochter«, sagt Penthesilea.

An den Wänden erscheinen Kriegsszenen. Da bist du, wie du seit Anbeginn warst. Du hast deine Arme ausgebreitet, der Bogen ist gespannt, die Pfeilspitze steht in Flammen. In deinen Augen brennt der gleiche Schein. Deine Beine fliegen über niedergestreckte Körper. Du bist Vogel und Frau zugleich.

»Haben wir uns unsere rechten Brüste selbst abgeschnitten?«, fragst du. »Ist das alles ein Versuch, mir selbst und meinem Ursprung treu zu bleiben?«

»Manchmal müssen wir auf etwas verzichten, um das zu werden, was wir sind«, ist alles, was sie erwidert.

Im Spiegel herrscht hektisches Gewusel. Die Amazonen betreten das Zimmer. Jeweils zu zweit kommen sie an dein Bett, beugen sich vor, flüstern dir ihren Namen und ihren Schmerz ins Ohr.

»Iss deine Ängste wie einen Apfel«, sagen sie zum Abschied im Chor.

Du bist zehn. Bestimmt nicht älter. Zusammengepfercht sitzt ihr in eurem stickigen Stojadin. Papa raucht eine nach der anderen. Du und dein Bruder müsst euch hinten erbrechen. Schließlich erreicht ihr das Meer. Am Strand ziehst du dein Kleid aus. Du hast nur eine Badehose an. Dass deine Nacktheit unangemessen ist, fühlst du wie eine kalte, unerwartete Berührung. Du bemerkst, dass deine Brustwarzen nicht mehr flache Flecken sind, sondern kleine geschwollene Wölbungen, zwei Knospen, die versuchen aufzublühen. Du spürst ganz klar, es ist nicht erlaubt, den Körper so zu zeigen. Am Strand ist viel los. Er ist mit bunten Handtüchern und geröteten Leibern bedeckt. Das Meer rauscht. Kleine Wellen spülen über den Strand. Laute, funkelnde Kinderstimmen prallen vom Sand ab, treffen auf die Wellen. Die Sonne prasselt unerbittlich auf euch nieder. Es ist schwer, die Augen offen zu halten.

Du setzt dich auf ein Handtuch. Umschlingst deine Knie. Dir ist heiß. Du traust dich nicht, die paar Schritte zum Meer zu gehen, um dich darin zu verstecken. Du weißt nicht, wie lange du so sitzt. Manchmal scheint dir, du wärst von diesem Platz überhaupt nicht mehr aufgestanden. Du lässt den Kopf auf deine Arme sinken und schaust auf die Brüste. Zwischen den Brustwarzen, genau in der Mitte, ist noch eine kleine Wölbung. Rot und bei Berührung ebenso empfindlich wie die Brustwarzen. Die Angst hat Zähne im Maul und haucht mit kaltem Atem. Dein Körper will sich nicht auf eine gewöhnliche Verwandlung beschränken, fürchtest du – was da aus dir hervorquillt, was sich in Form von Auswölbungen an dir bemerkbar macht, ist so stark, es wird sich nicht mit nur zwei Knospen zufriedengeben. Du stellst dir vor, dass deine Transformation vollkommener wird, ungeheuerlicher, schrecklicher. Völlig außerhalb der realen Grenzen. Diese Frau, die in dir wuchert (dass es eine Frau ist, die heraus will, die deinen Körper umformen will, weißt du), kriegt nie genug. Ihr ist alles zu wenig. Du weinst. Du denkst, du bist für immer verunstaltet. Ein Monster mit drei Brüsten.

Das denkst du drei Tage lang. Du versteckst dich, läufst im T-Shirt herum. Gehst nicht ins Meer. Du sitzt im Schatten und schweigst, hartnäckig und untröstlich. Dann nimmst du deinen Mut zusammen. Du beschließt, es allen zu zeigen. Ihnen eine Fratze zu schneiden. Ihnen zu beweisen, dass dich nichts und niemand besiegen kann. Du – eine Kriegerin, die mit den Tränen kämpft. Im Zelt ziehst du dir nur die Badehose an und marschierst los Richtung Strand. Mama hält dich auf.

»Was hast du da?«, fragt sie.

Du bleibst stehen, presst die Kiefer aufeinander, ballst die Fäuste. Du bist bereit, das Monster zu sein.

»He, na also, was hast du denn da«, murmelt sie.

Sie kommt noch näher heran und drückt dir den Pickel zwischen den Brüsten aus.

Vielleicht wäre es leichter, wenn ich laufe. Auf und ab gehe, bis meine Gedanken ruhiger werden. Du bist müde. Du sitzt die ganze Zeit. Ein großes Glas Rotwein in der Hand (so ein Glas Wein von Zeit und Zeit ist das einzige Beruhigungsmittel, das du nehmen wirst). Außerdem ist es Nacht. Windig und kalt. Beißender Februar. Du könntest *krank werden*. Vielleicht. Du könntest gar sterben.

Manchmal denkst du, dass das alles nicht real ist. Wirklich real. Oder dass nichts außerhalb deiner Realität existiert. Du steckst in einem Brutkasten aus *Matrix*. Oder bist eine metaphysische Abart Trumans aus der *Truman Show*. Du kannst unzählige Male sterben. Wirst jedes Mal neu geboren. Wie die Heldin eines No-Name-Videospiels, in das du alle *Cheatcodes* kopiert hast. Dein Leben ist unendlich. Du bist unendlich. Du wirst so lange hierbleiben, bis du alles perfekt geordnet hast. Klar und deutlich spürst du all die Orte, an denen du gestorben bist. Ein Tod kommt leicht, nach jedem falschen Schritt. Seit Herbst bist du im gleichen Level. Du durchläufst es wieder und wieder. Jeden Monat, jeden Rückfall musst du mehrmals durchmachen. Jeder Tod ist ein Abschied von einem Teil von dir. Einer Version von dir. Sterben, auferstehen, sterben, auferstehen. Du wirst so lange in diesem Sog gefangen sein, bis du jedes Level ohne Fehler durchgespielt hast. Das spürst du ganz deutlich. Die Erkenntnis bringt dir Trost statt Angst.

Am schwersten fällt es dir, über die Kinder zu sprechen. An die Kinder zu denken. Hartnäckig sagst du ihnen immer wieder, du werdest nicht sterben. Das beginnt sie zu stören. Dein übermäßiges Beharren darauf macht ihnen Angst. Trotzdem glauben sie dir. Dein Sohn hat gesagt: *Ich bin froh, dass du Brustkrebs hast und keinen richtigen Krebs. Daran stirbt niemand.*

Du hast das bestätigt: *Mach dir keine Sorgen, ich werd' nicht sterben.* Du hast ihm in die Augen gesehen. Mit müdem Blick versucht, seine Angst zu töten. Deine Tochter ist älter. Sie weiß viel mehr. Und sie glaubt dir ebenso. Du schaffst es nicht, ihnen mehr zu sagen, als dass du überleben wirst. Manchmal formen sich ihre Lippen zu einer Frage. Doch die Worte bleiben ihnen im Hals stecken. Sie fürchten sich vielleicht, eine der Antworten könnte den zerbrechlichen Glauben an deine Unsterblichkeit erschüttern. Die Tage dehnen sich, einer nach dem anderen. Das Sprechen wird immer schwerer. Eine Frage auszusprechen, würde bedeuten, die Angst zuzugeben.

Da entdeckt ihr Kathy. Aus *The Big C*. Kathy hat ein Melanom im vierten Stadium. Nachdem sie die Diagnose bekommen hat, geht sie nach Hause, verlässt ihren Mann und wird ihr eigenes Gegenteil. Kathy klappert Ärzte ab und macht verschiedene Therapien durch. Sie versucht, das Leben zu spüren, welches zu verschwinden droht. Jeden Abend liegt ihr in deinem Bett und schaut zwei, drei Folgen. Ihr sprecht danach nicht über dich. Ihr sprecht über sie. Alles Trübe und Unklare, Beängstigende und Schwere am Krebs bearbeitet ihr über Kathy. Sie ist ein magischer Gegenstand, mit dessen Hilfe ihr eure Schicksale ins Lot bringt. Eure virtuelle Voodoo-Puppe für weiße Magie. Ihr seht euch alle Staffeln an. Nur die letzten drei Episoden lasst ihr stillschweigend weg. Ihr seid nicht bereit, sie sterben zu lassen.

Die Gedanken fließen langsam. Auseinandergezogen wie eine Filmrolle im Projektor. Sie überholen sich nicht. Du hörst sie deutlich. Die zu Ende artikulierten Worte. Im Kopf. Mit eintöniger Stimme. Wie wenn du jemandem etwas erklärst, der schwer von Kapee ist. *Vielleicht brauche ich eine neue Zahnbürste?* Das ist ein guter Satz. Du unterbrichst ihn nicht mit einer fertigen Antwort. In diesem Moment haben alle Optionen die gleiche Chance. Nichts versteht sich von selbst. Deine Fingernägel sind kurz, du trägst lilafarbenen Nagellack. Das sind deine Hände, du erkennst sie wieder.

Es ist Abend. Ein weiterer Tag liegt hinter euch. Metallisch, grau, durch die unausgesprochenen Worte angeschwollen. Ihr esst Pizza. Die Kinder und du. Du trinkst Wein. Ihr lacht. Wie schön sie sind, denkst du. *Wie schön sie sind!* Du fragst dich nicht, ob du ihnen wohl beim Aufwachsen zusehen können wirst. Dieser Gedanke ist nicht erlaubt. Unnötig. Schädlich. Deine Gedanken und Worte unterliegen einer strengen Kontrolle. Die guten, annehmbaren. Und die anderen. Die anderen werden auf der Stelle zensiert. Du sonderst sie ab, steckst sie in Quarantäne, wo sie ausgemerzt werden.

Später am Abend machst du dich bettfertig. Du bist im Bad. Putzt dir die Zähne. Du stehst vornübergebeugt. Im Spiegel siehst du Vertiefungen über deinen Brüsten. Über den Prothesen, die Brüste darstellen. Die Haut ist trocken und müde. Deine Augen sind dunkel, violett. Die Pupillen haben die Iris verschluckt. Du fühlst nichts. Du fragst dich nur: *Stirbt man so?*

Dinge, über die du nachdenkst:
— Vielleicht hättest du gerne eine Katze. Sie könnte auf deinem Schoß sitzen und schnurren. Und schweigen. Während du weinst. Ihr wäre es egal. Du müsstest nicht darüber nachdenken, wie sie sich fühlt. Gelb-orange. Klein. Du würdest sie Frida nennen, nach Frida Kahlo. Oder Fjodor, falls sie ein Männchen ist, nach Dostojewski, versteht sich. Doch was, wenn sie die Möbel zerkratzt? Ist das etwa wichtig? Als ob das wichtig wäre, jetzt in diesem Moment, in dem du sie dir vorstellst und genau weißt, dass du dir niemals eine anschaffen wirst, weil deine Kinder keine Katzen mögen.
— Du würdest gerne deine Angst vergessen. Und dann lieben. Ohne nachzudenken. Ohne Morgen. Den Menschen, der dich liebt. Es ist so leicht, jemanden zu lieben, der dich nicht liebt. Minimales Risiko. Du hast den Verlust immer auf deiner Seite. Oh, wie sicher, wie tröstlich.
— Bist du eigentlich noch hier, weil wichtige, große Dinge vor dir liegen, die du tun musst? Oder bist du einfach nur so da? In gleicher Weise, wie du auch nicht da sein könntest?
— Cannabis-Öl hinterlässt einen bitteren Geschmack im Mund. Wie eine Entzündung. Hustenreiz. Also trinkst du viel Wasser. Wasser ist gut bei einer Chemo. Es reinigt den Organismus. Es ist wichtig, dass du viel Wasser trinkst.
— Wichtig ist, dass du gesund isst. Gemüse. Obst. Kein rotes Fleisch. Kein Geflügel. Keine Milchprodukte. Erst recht keinen Zucker. Und auch kein Weißmehl. Nichts Weißes. Nur Salat und Kerne.
— Die Rote Bete ist kein Gemüse. Sie ist ein halbiertes Herz in deiner Hand.

– Du erträgst keine Menschen, die dir sagen, was du zu essen und zu trinken hast.

– Auch nicht die, die dich mitleidig ansehen.

– Schon gar nicht die, die sagen: *Kein Wunder, dass deine Nerven blank liegen, wenn du Krebs hast.*

– Vielleicht erträgst du Menschen einfach überhaupt nicht.

Dinge, über die du nicht nachdenken willst:

- Deine Kinder
- Deine Brüste
- Deinen Krebs
- Deinen kahlen Kopf
- Deinen Tod

Du machst einen Strich unter den Tag. Morgen ist Sonntag. Ein Sonntag, an dem du in die Berge fahren solltest, damit sich deine Leukozyten vermehren. Ein Sonntag, an dem du mit deinem Sohn lernen solltest. Ein Sonntag, an dem du dich gut ausruhen solltest. Ein Sonntag, an dem du Quality-Time mit deinen Kindern verbringen solltest – mit ihnen reden, zuhören was sie sagen, lächeln, vergnügt sein.

Seht mich an, ich bin glücklich, alles ist gut, wir sind glücklich!
Die nächsten sieben Tage wirst du überhaupt nichts machen können. Weder sprechen. Noch sitzen. Noch die Augen offen halten. Sie werden sich in ihre Zimmer einsperren. Auf die nächste Woche warten, darauf, dass du wieder auftauchst. Wieder anfängst, langsam und tief zu atmen. Als wärst du am Leben. Als wärst du wirklich am Leben.

Du bist dreizehn. Ihr schlaft in einem Zimmer. Mama, Papa, dein Bruder und du. Dein Bruder und du im Stockbett. Du oben. Ihr beide und Mama geht zur gleichen Zeit schlafen. Papa ist noch nicht nach Hause gekommen. Dein Körper fühlt sich warm an. Du weißt, das ist Glück. Glück aufgrund der Nähe, die ihr zu dritt habt. Du schließt die Augen. Du kneifst sie fest zusammen. Stellst dir vor, er käme nie wieder heim. Nie wieder würdest du das Brummen seines Stojadins hören, wenn er in den Hof fährt. Du könntest es unter tausend anderen Autos heraushören. Nie wieder würdest du das Geräusch der Eingangstür vernehmen, wenn seine Hand die Klinke drückt. Noch bevor du ihn siehst, erkennst du schon an der Schnelligkeit dieses Geräuschs, wie viel er getrunken hat. Jetzt denkst du nichts von alledem. Du hast die Augen geschlossen. Vergewisserst dich, dass er nicht zurückkommen wird. Dass er sterben wird. Dieser Gedanke ist völlig akzeptabel. Es genügt nicht, dass er geht, er könnte dann zurückkommen. Er muss sterben. An was auch immer. Du gehst nicht ins Detail. Details sind unwichtig. Du möchtest einfach, dass er nicht zurückkommt. Du stellst dir das Leben ohne ihn vor. Ein Leben, in dem, so glaubst du, Glück möglich wäre. Du stellst dir vor, was ihr drei zusammen alles unternehmen könntet. Die Orte, an die ihr fahren würdet. Tage, die mit Lachen gefüllt sind. Warm und behaglich fühlt sich das an. Du sinkst in den Schlaf. Dann hörst du den fiesen, müden, knurrenden Ton seines Autos und weinst.

Vor ein paar Tagen ist Selma gestorben. Du kanntest sie nicht. Bevor sie starb, warst du dir nicht mal sicher, ob sie wirklich Selma heißt. Sanela? Sanja? Senka? Irgendwas mit S. Eine Frau mit S, die mit Minja zusammen bei der Bank arbeitet. Eine Frau mit S, die du nie triffst, von der du jedoch bereits seit sechs Monaten weißt, dass es sie gibt, und dass sie jeden Morgen aufwacht und zur Arbeit kommt.

Gesund.

Nach der Entfernung ihrer Brüste, Chemotherapie, Bestrahlung.

Gesund.

Sie hatte überlebt.

Nun haben ihre Hände den Vorhang fallen gelassen, der dich von der Angst abschirmte.

Heute früh bist du mit der Angst aufgewacht, du hättest dich in Gregor Samsa verwandelt. Du wagtest nicht, die Augen zu öffnen oder dich zu bewegen, verängstigt von der Fluidität deiner möglichen Metamorphosen. Die Tage, an denen du nicht lockerlässt, haben dich erschöpft. Du klammerst dich fest. Du brüllst: *Das bin ich und mich verändert nichts!* Die Übelkeit ist übergroß. Dein leerer, aufgeblähter Magen wölbt sich, aufgetriebener, gärender Teig, während du dir mit den Fingern über den kahlen Kopf fährst. Du fängst an zu zweifeln. Das Ich löst sich auf, zerfällt in winzige, unbedeutende Fragmente. Dass sie wieder zu einem Ganzen werden können, versprechen sie nicht. Zu dem sinnvollen Ganzen, das du bist – und das vom Überfließen in andere Formen verschont bleibt.

Du zählst die Tage nicht. Es sind zu viele. *Da gibt's nichts zu zählen*, sagst du dir wieder und wieder. *Das bin immer noch ich. Das sind meine Augen. Meine Augen!* Das lässt du nicht zu. Du schlägst zu. Und sagst: *Das ist kein Kampf, ich muss nicht kämpfen, ich bin das.* Du, die lebt, du, die unsterblich ist. Unglaublich stark. Stärker als der Körper, dem du keinen Schmerz zugestehst. Die dritte Chemo. Der dritte Tag. Nichts außer Brechreiz. Du bist dieser Magen, der sich wölbt, hoch- und runtergeht im Leeren, im Dunkeln. In einer Stille, in die aus der Ferne Geräusche dringen, schrill und schmerzhaft. Als würde jemand weinen. Schluchzen. Ein geschwollenes Gesicht. Du kennst diese Frau nicht. Dieses Gesicht unterm kahlen Schädel. Wie ein Kaleidoskop, tausend zersplitterte Details ordnen sich neu zu einem hässlichen Bild. *Erinnere dich an deine Kraft. Erinnere dich an deine Kraft*, lautet dein Mantra.

Deine Mama sitzt im Wohnzimmer. Sie gibt acht, dass die Kinder nicht ins Zimmer kommen, während du einen Joint rauchst. Sie sollen es nicht sehen. Damit ihr wenigstens das nicht erklären müsst. Aida hatte unrecht, er bringt dir keine Erleichterung. Der Rauch verstärkt sogar die Übelkeit. Sorgt für einen schlechten Geschmack im Mund. Dein Verstand, trüb und wirr, kommt noch mehr durcheinander. Etwas will aus dir herausspringen. Könntest du dich komplett umkrempeln wie einen Handschuh, ginge es dir besser. Draußen drängt der Frühling hartnäckig nach vorn. Alles zirpt und singt. Summt. Zu viele Töne. Übertrieben ausgelassene Lebendigkeit. Du lässt die Rollos herunter, um die Welt an die innere Dunkelheit anzupassen. Es hilft nichts. Du willst dich nicht hinlegen, hingeben. Du kannst das Ganze nicht, wie die beiden letzten Male, im Sessel aussitzen. Im Sessel, über dessen Armlehne dein Körper geworfen wurde. Du weigerst dich, eine Kranke zu sein. Du läufst hin und her, von einem Zimmer ins andere. Du spürst, wie etwas aus deinem Magen aufsteigt. Du öffnest den Mund. Es kommt nichts heraus. Nicht mal ein Ton. Du verspürst den Drang loszurennen. Du lässt dich nicht vom Balkongeländer aufhalten. Du fliegst darüber hinweg, als würdest du bei *Himmel und Hölle* drei Felder auf einmal überspringen. Du fliegst. Der Sturz ist vollkommen unwichtig. Der Sturz ist Trost. Auf ihn folgt Frieden. Die beruhigende Endlichkeit des Nichts, die dich von deinen qualvollen Zuckungen befreit.

Der Wind pfeift. Die Balkontür schwingt auf und zu. In der Scheibe spiegeln sich Minarett, Zürgelbäume und blauer Himmel. *Ich müsste nach draußen und spazieren gehen*, denkst du. Alles aus dir herauslaufen. Aus den Zimmern heraustreten, die dir die Kehle zuschnüren. Du bleibst sitzen, unbeweglich.

Vor drei Tagen hast du Aida in der Onkologie getroffen. Auch sie hat keine Haare mehr. Ihr Gesicht ist müde und aufgedunsen. Ihr Kampf erbitterter. Ihre Bewegungen aggressiver. Du fragst dich, ob du in ihren Augen genauso aussiehst. Ihr redet über die Kinder. Über ihre Tochter, die schon zwanzig ist und in Amerika studiert. Sie will zurückkommen. Aida lässt sie nicht. Über deine Tochter und deinen Sohn. Über all das, was ihr drei unter euch ausspart. Ihr gestikuliert. Sagt euch gegenseitig, dass ihr stark seid. Dass ihr das schaffen werdet. Schnell und leicht. Und dann werdet ihr leben, so richtig leben. All das Schöne, das euch gerade aus den Händen gleitet, wirklich einsaugen. Ihr zeichnet eine gedachte Linie, über die nichts Schlechtes treten kann. Dahinter steht ihr, unberührbar. Du wirst schnell aufgerufen. Gehst in die Tagesambulanz. Vergisst Aida. Irgendwann später wird dir einfallen, dass du sie nicht gefragt hast, wie sie jetzt mit Nachnamen heißt. Du wirst nicht wissen, wie du sie finden sollst. Um eure Verabredung einzuhalten: der Morgenkaffee, das Treffen der Kahlköpfigen im Hotel Bristol. Euer schluchzendes Weinen: *Seht uns an, uns tut nichts weh, uns geht's gut, wir schaffen das.*

Auch bei der dritten warst du sechs Tage lang dabei, aufzugeben. Deine dunkel gewordenen, von den Pupillen verschluckten Augen stehen dir im Spiegel gegenüber wie eine Wand, dein veränderter Blick im Anblick des Todes. Langsam, schwerfällig atmest du und fragst: *Bist du gekommen, um mich zu holen?* Vielleicht bist du bereit, dass er Schluss macht. Nicht wegen der Krankheit, dieser Termite in der Brust, die sich in deine Augen schleicht, dich aus dem Leben reißt. Das lässt du nicht zu. Doch du willst, nur einen Moment lang, auf deine Weise Schluss machen.

Bis zur siebten Nacht hältst du aus. Die siebte Nacht ist schlaflos. Eine Nacht der hochschießenden Energie. Du siehst zu, ohne zu blinzeln. Die Welt fällt auseinander und setzt sich dann zu vollendetem Sinn zusammen. Endlich kommst du wieder zu dir. Eine Nacht schneller Gedanken und vollkommener Ruhe. Am nächsten Tag ist dir schon ein wenig leichter zumute. Du kannst wieder ein bisschen atmen. Ein wenig Nahrung kann schon durch deinen Schlund. Du gehst ins Badezimmer. In deinem Blick suchst du ihn. Sagst ihm: *Komm schon! Zeig dich! Schlag zu, mit allem, was du hast! Ich bin stärker als du!*

Der Tod, jetzt nur noch ein tiefblauer Schleier unter deinen Augen, schweigt.

Aus dem Spiegel, aus dem ausgeschalteten Fernseher, aus den verglasten Bildern an der Wand springt dich dein kahler Schädel an. Momente, in denen du dich erinnern musst, dass du das bist. Und warum du das bist. Letzte Nacht bist du aufgewacht, als du gerade dabei warst, deinem vor fast 16 Jahren verstorbenen Vater einen Brief zu schreiben. Trüb und verschwommen stand er neben dir, außerhalb vom Fokus, eine Silhouette, die ihre Ränder verliert. Du schriebst ihm einen Brief. Er fragte dich, warum du nicht heftiger, wütender schreibst. Warum du nicht mal Klartext mit all den Leuten redest. Er hätte es bestimmt so gemacht. Du dachtest, er könnte dich nicht hören, deshalb fingst du an zu schreiben. Vielleicht fingst du auch an zu schreiben, weil du erst beim Schreiben richtig nachdenkst. Oder nur dann weißt, dass es dich gibt. Du schriebst schwarze Wörter auf weißes Papier, herausgerissen aus einem kleinen linierten Notizheft: *Wenn ich schreibe, sind die anderen tatsächlich nicht existent. Im besten Fall sind sie nur Funktionen. Ich schreibe nur, weil ich versuchen will, den Moment festzuhalten. Und mich darin.*

Schluckauf hat dich geweckt. Zum dritten Mal diese Nacht. Du hast aufgehört, über das Schreiben und den Vater nachzudenken. Und ob du überhaupt mit ihm über solche Dinge reden würdest, wenn er noch lebte. Du bist zum dritten Mal aufgestanden. Hast dir ein Stück Zucker genommen. Es kurz ins Wasser getunkt, in den Mund gesteckt und gewartet, bis es sich auflöst. Du dachtest daran, dass du im letzten halben Jahr eine Million Mal gehört hast, du dürfest keinen Zucker essen. Auch keine Milchprodukte. Und kein rotes Fleisch. Nicht mal Geflügel. Es erschien dir wichtiger, darüber nachzudenken, warum du nun schon zum dritten Mal Schluckauf hattest. Wegen der Chemotherapie, die du gestern bekommen hast, oder vor Nervosität? Halsschmerzen hast du auch. Eher ein beklemmendes Gefühl als Schmerzen. Ob das auch die Nervosität ist? Du hast beschlossen, dass alles zusammen von der Nervosität kommt und bist ins Bett zurückgekehrt. Schlafen konntest du nicht.

Am Morgen gehst du zu deinem Hausarzt. Dein Hals ist tatsächlich rot. Du bist genervt von dir, weil du dich selbst nie ernst genug nimmst. Du denkst immer, es ist bestimmt nichts Schlimmes. Sogar Krebs. Sogar beim Krebs denkst du, er ist nicht echt. Echt ist nur deine Nervosität. Die Psyche, die alles herbeifantasiert. Das Kind, das du vor Ewigkeiten warst, sucht in dir noch immer nach Aufmerksamkeit. Als ob der Arzt fühlte, was du denkst, sagt er: *Der Schluckauf könnte aber auch von Nervosität kommen.* Du brauchst die Nervosität, um dich zu vergewissern, dass du noch fähig bist zu fühlen. Um noch nicht an dem Punkt zu sein, an dem du alles für vergeblich hältst und denkst, das Leben sei nichts außer Schmerz, der ab und zu von Liebeszuckungen durchgeschüttelt wird.

Zu Hause angekommen hast du dir einen Joint angezündet. Um dich zu beruhigen und die Übelkeit zu lindern. Du weißt nicht, ob du ihn deswegen angezündet hast, oder weil du das Rauchen vermisst. Die Zigarette zum Morgenkaffee, den du mittags trinkst, nachdem du das Haus aufgeräumt, den Einkauf gemacht, oft auch noch Mittagessen gekocht hast. Eine große Tasse Kaffee, dein Computer, die Kinder in der Schule, eine Zigarette. Du inhalierst. Du bist lebendig. Beim Joint spürst du das nicht. Gewissensbisse machen ihn kaputt. Die Frage, ob er in falscher Absicht angezündet wurde. Du trinkst auch keinen Kaffee mehr. Eine besonders passionierte

Kaffeetrinkerin warst du nie. Gekocht hast du ihn nur wegen der Größe der Tasse, um das Ritual auszudehnen – Inhalationszeit, Daseinszeit.

Nun beginnst du den Tag mit frisch gepresstem Smoothie, in den alles hineinkommt, von Mango bis Blattkohl. Etwas später nimmst du dir eine Scheibe Schwarzbrot. Du weißt nicht, mit was du sie essen sollst, jetzt, da du weder Milchprodukte noch geräuchertes Fleisch oder Wurst essen darfst. Zum Mittag bereitest du dir eine Linsensuppe mit Gemüse zu, Vollkornreis, Gemüse in tausend Varianten, fast roh, und einen großen grünen Salat mit Möhren, roter Bete und gerösteten Leinsamen, Sesam, Kürbis- und Sonnenblumenkernen. Nach dem Essen trinkst du immunstärkendes Pulver, es schmeckt wie Wasser, in dem vergammelte Kastanien eingeweicht wurden. Nachmittags isst du Popcorn wegen der Leukozyten. Im Laufe des Tages sollst du noch Haselnüsse, Mandeln, Aprikosenkerne, Vitamin C und Propolis in dich hineinstopfen sowie viele weitere Dinge, die du meist vergisst, zu dir zu nehmen. Zum Abendessen hast du die Schnauze voll und bestellst dir eine Pizza. Du schmierst Mayonnaise drauf, stellst den Karton auf deinen Schoß, legst deine Beine auf den Tisch und siehst fern. Auch ein Glas Wein gießt du dir ein und denkst: *Fick dich, du Krebs, ach, fickt euch doch alle!* Petroleum aus Albanien, spezielle Honigsorten, die spezielle Leute in irgendeiner Höhle in Montenegro herstellen, alle möglichen Naturheiler, die jedes Leiden therapieren können, Germanium, Stachelannone und noch viel mehr Quatsch, mit dem dich jeden Tag eine Million Wohlmeinender überschüttet. Du willst sie nicht mehr hören, ihre Ratschläge, die dich unabsichtlich in Panik versetzen, aus der heraus du auf der Suche nach dem magischen Heilmittel um dein Leben rennst. Du verschlingst deine Pizza. Die Mayonnaise vermischt sich mit der dicken Tomatensoße und läuft dir das Kinn runter. Du bist glücklich. Der Fernsehbildschirm wird für einen Moment dunkel und du erblickst erneut deinen kahlen Kopf.

Fick du dich auch!, wirfst du ihm zu.

Seit du denken kannst, verbringt ihr die Sommer auf der Halb-
insel Pelješac. In einem kleinen Dorf, das in einer zauberhaf-
ten kleinen Bucht versteckt liegt, mit Steinhäusern vor dem
durchsichtigen Meer. Dieser Ort ist dein wahres Zuhause. Die
Sandküste, das unermüdliche Tiefblau. Erst hier kommen dein
Innen und das Außen in Einklang, bilden eine Symmetrie, die
dir das Atmen möglich macht. Das Salz in der Luft hinterlässt
einen süßlichen Geschmack im Mund. Dieser Ort ist das Ende
der Welt, oder ihr Anfang. Kein Bedürfnis, aus ihr zu fliehen.
An einem der Berghänge, die das Dorf umschließen und ins
Meer tauchen, wächst ein Baum. Du weißt nicht, was für ein
Baum das ist. Du hast ihn nie aus der Nähe gesehen. Er steht zu
weit entfernt, als dass du hingehen könntest. Er wächst anders
als alle anderen Bäume, die du je zu Gesicht bekommen hast –
in einem rechten Winkel lehnt er am Hügel. Ein langer, dünner
Stamm mit großer, verzweigter Krone. Er weigert sich, so wie
die anderen Bäume zu wachsen. Das ist dein Baum. Jeden Sommer rennst du bei eurer Ankunft als Erstes los und prüfst, ob
er noch da ist.

Du bist hingerissen vom Meer. Vom starken Wasser, das
Wellen schlägt und blau leuchtet. Vom Trost, vom Versuch,
die Welt reinzuwaschen. Manchmal träumst du, du wärst ein
Fisch. Du würdest ins Meer schwimmen. Hinaus in die Freiheit. Nie mehr zurückkehren. Meistens stehst du bis zu den
Hüften im Wasser und saugst die Ruhe ein. Stellst dir vor, wie
du einfach losschwimmen und weit kommen würdest, bis nach
Mljet oder Korčula. Stärker als deine Besessenheit vom Meer
ist nur die Angst, die du vor ihm hast. Unter Wasser öffnest du
die Augen. Alles, was sich dunkel abhebt, all die verschwom-
menen Umrisse tanzenden Lichts sind für dich Haifische. Wut-

entbrannte Haie, die ihre Zähne in dein Fleisch stoßen wollen. Und im selben Augenblick saust du aus dem Wasser.

Einmal träumst du, wie du mit deinem Bruder schwimmst. Ihr habt euch weit vom Ufer entfernt. Das Meer ist warm. Der Himmel blau. Zuerst hörst du ein Geräusch. Das Meer erbebt. Dann siehst du sie. Ein ganzer Schwarm Haie. Riesige silberne Leiber mit großen, aufgerissenen Rachen. Sie kreisen um euch herum. Ihre Flossen schneiden die Wasseroberfläche. Sie steuern auf deinen Bruder zu. Beißen Stücke von ihm ab. Zerfetzen ihn. Das Meer ist ein wogender roter Fleck. Eine kochende Suppe. Du schlägst zu, um ihn zu retten. Spürst ihre glitschige Haut unter Wasser. Sie streifen deinen Körper. Sie wollen nicht dich. Sie wollen ihn. Wie sehr du auch schlägst und schreist, du kannst ihm nicht helfen. Du wachst weinend auf. Das Wasser um dich teilt sich. Das Rot verschwindet. Was bleibt, ist nur die verblichene Dunkelheit sommerlichen Morgengrauens, in das sich Grillenzirpen mischt.

Ihre Blicke gehen schnell über dich hinweg. Ein Zucken verrät sie. Ein Zucken, das sagt: *Ich schaue dich nicht an, du bist genauso wie alle anderen, denk bitte, ich würde denken, dass du genauso wie die anderen bist, deshalb sehe ich dich nicht an.* Noch immer trägst du deinen kahlen Kopf wie eine Fahne herum. Er ist deine Wahl. Deine Freiheit. Du willst ihn nicht bedecken, damit niemand auf den Gedanken kommt, du hättest Angst. Im dunklen Kinosaal lässt du die Tränen nur laufen, weil du dir sicher bist, dass deine Mascara wirklich wasserfest ist. Du hast deinen Kopf an den Kopf deines Sohnes gelehnt, atmest seinen Geruch ein. Er weiß nicht, dass du weinst. Auf der Leinwand tötet ein Mensch einen anderen. Ohne einen Grund, der seine Tat gerechtfertigt hätte. Wegen irgendwelcher Phantombilder, die er schon lange mit sich herumgeschleppt hat. Phantombilder, die nichts mit der Person zu tun haben, die nun in einer Blutlache im Schnee liegt. Die Kugel wurde einfach so abgefeuert. Der Tod kam einfach so. Eure Körper zucken beim Schuss zusammen. Obwohl ihr die Pistole gesehen habt. Beim zweiten und dritten Schuss zuckt ihr ebenso. Ihr lasst die Stille langsam in euch einziehen. Eine Stille, die noch lange andauert, nachdem ihr das Kino verlassen habt. Eine Stille, die lauter ist als die Worte, mit denen ihr sie auf dem Nachhauseweg im Auto zu durchbrechen sucht. Lärmender als der Fernseher, den ihr einschaltet, noch bevor ihr die Jacken ausgezogen habt. Schwerer als die Decke, mit der ihr euch im Bett zudeckt und hofft, euch würde leichter ums Herz, wenn ihr zusammen seid, während ihr zittert wegen dieser Kugel, die auf euch abgefeuert wurde. Einfach so.

TAXOL

Ausdrückliche Warnung: Paclitaxel (Taxol) sollte nur im Beisein eines Arztes angewendet werden, der Erfahrung mit der Anwendung chemotherapeutischer Agenzien bei der Tumorbehandlung hat. Da es zu extremen Überempfindlichkeitsreaktionen kommen kann, sollte entsprechende Ausrüstung zur unterstützenden Behandlung verfügbar sein. Wegen eines möglichen Paravasats wird empfohlen, die Infusionsstelle während der gesamten Einlaufzeit des Medikaments sorgfältig zu beobachten. Vor der Einnahme von Paclitaxel müssen die Patienten eine Prämedikation bekommen, bestehend aus Kortikosteroiden, H_1-Histamin-Rezeptorantagonisten (Antihistaminikum) und H_2-Histamin-Rezeptorantagonisten. Wenn es in Kombination verwendet wird, muss Paclitaxel vor Cisplatin verabreicht werden.

Du glaubst: Das Schlimmste ist vorbei. Taxol ist nichts im Vergleich zu den AC-Chemos. Taxol besteht aus zwölf Wochen, zwölf Dosen, die leichter verträglich sind. Davon werden dir Augenbrauen und Wimpern ausfallen, die einzigen Haare, die es an deinem Körper noch gibt. Vielleicht auch die Nägel. Oder sie werden nur schwarz. Du bist darauf vorbereitet. Hauptsache kein AC mehr. AC ist Adriamycin mit Cyclophosphamid, der Grund, aus dem du rote Farbe hasst. Du hast dir vier schwarze Nagellacke gekauft. Im Internet hast du gelesen, dass schwarzer Nagellack hilft, die Nägel zu erhalten. Oder zumindest verdeckst du damit, wie sie wirklich aussehen. Du bist bereit.

Du liegst auf dem Bett und wartest. Neben dir stehen drei Stühle. Auf einem sitzt Vera. Du triffst sie nun schon seit Langem immer wieder, jedes Mal, wenn du herkommst. Im Wartezimmer, auf den Fluren, in dem Raum, wo ihr an Schläuchen hängt, aus denen die giftigen Flüssigkeiten tropfen, die euch heilen sollen. Vera redet. Ununterbrochen. Mit piepsender Stimme, die keine Modulationen kennt. Aus ihrem Mund strömt ein permanenter Fluss, der von Krankheit erzählt, von ihrer Krankheitsgeschichte und den Geschichten all jener, die sie bereits seit drei Jahren in diesen beklemmenden Zimmern trifft, seitdem sie in Behandlung ist. Du meidest ihren Blick. Willst sie nicht hören. Willst ihre Fragen nicht beantworten, hinter denen sich schon ihre eigene Geschichte bereit macht, um wie ein Pingpongball zu dir zurückzuspringen, damit du erfährst, was ihr alles zugestoßen ist. Bis jetzt gelang es dir jedes Mal, ihr auszuweichen. Du weißt, dass sie jetzt gerade zu dir spricht, obwohl zwei Stühle zwischen euch sind und es so aussieht, als erzählte sie es der Frau neben dir. Du blickst geradeaus, versuchst, sie nicht zu hören. Du wartest, dass dir endlich die Nadel in die Vene gestochen wird. Als es mit dem Taxol losgehen soll, tust du so, als wären die drei Krankenschwestern neben deinem Bett nur zufällig da und nicht, weil es zu heftigen allergischen Reaktionen kommen kann. Und da hörst du sie, diesmal wild entschlossen, zu dir durchzudringen:

»Keiner steht sie so gut wie ihr und Donna Ares.«

Das bezieht sich auf deine Glatze. Eine derartige Offenheit ist sogar auf der Onkologischen eine Seltenheit. Du kannst ein Lachen nicht zurückhalten. Du drehst dich um und blickst sie an. Zum ersten Mal siehst du wirklich ihre Augen, von der Angst ausgewaschen. Ihr unterhaltet euch. Es dauert nur ein paar Minuten, denn du schläfst bereits ein. Das Taxol tut seine Wirkung. Taxol ist augenblickliche Betäubung. Sofortiges In-den-Schlaf-Sinken. Ein Schlaf ohne Gedanken, ohne Träume. Ein Schlaf, der keine Erholung bringt. Ein Schlaf wie kurzes Versinken im Nichts, aus dem du als die Gleiche zurückkehrst in all das, was du zurückgelassen hast. Ein sinnloses Intermezzo, das die Zeitdimensionen zunichte macht.

Bevor du einschliefst, antwortetest du noch auf Veras Frage, ja, du seist HER2 positiv. Sie auch. Auch du wirst, genau wie sie, Herceptin bekommen. Herceptin ist ein wunderbringendes Medikament für euch, die ihr den aggressivsten, den hysterischen Krebstyp habt. HER2 ist in euren Zellen sehr stark vertreten. Das Protein versetzt sie in einen Overdrive, in ein massenhaftes, unkontrolliertes Produzieren, ununterbrochene Arbeit in drei Schichten, ohne Pause. Vor etwa sieben Jahren, als Herceptin noch nicht in der klinischen Praxis angewendet wurde, hättet ihr, Vera und du, keine Chance gehabt, es wäre einfach wiedergekommen. Vera nimmt es schon seit

zweieinhalb Jahren. Du wirst es ein Jahr lang nehmen. Siebzehn Dosen, alle drei Wochen eine.

»Herceptin macht dir nichts. Nichts. Als ob du gar nichts
genommen hast. Hier, sieh mich an. Nichts. Schon zweieinhalb Jahre. Genau. Genau. Alle drei Wochen. Und ja, das nervt.
Aber es geht, echt. Du gehst nach Hause, wie du hergekom-
men bist. Du wirst schon sehen. Ich hab überhaupt keine Pro-
bleme. Überhaupt keine. Hier ist nur einmal eine Frau gestorben, als sie ihre erste Dosis bekam. Aber ansonsten nichts. Gar
nichts …«

Du hast das Taxol gut vertragen. Dir ist nicht schlecht geworden. Du bist auch nicht gestorben. Am Abend begann sich auf deinem Bauch, deinen Beinen und am Hals ein feiner Ausschlag auszubreiten, der die Haut hart werden ließ. Du landetest in der Notaufnahme. Dein Körper hatte sich verweigert. Die nächsten Tage sind Tage voller Termine bei Ärzten, die entscheiden sollen, wie es weitergeht. Jeder denkt etwas anderes. Die Taxoltherapie fortsetzen. Die Taxoltherapie abbrechen. Tests durchführen, für die es in deiner Stadt keine Infrastruktur gibt. Noch einmal probieren und sehen, was passiert. Dazu bist du nicht bereit. Du willst nicht noch eine allergische Reaktion bekommen. Abwarten, wie stark sie werden würde. Du hast ihnen gesagt, du willst nicht mehr. Du bist nicht bereit, die nächsten elf Wochen in einer neuen Dimension der Angst zu leben. Also setzen sie dich zurück auf AC. Zwei weitere Therapien wirst du machen müssen. Noch zwei Mal wird die rote Flüssigkeit in deinen Körper tröpfeln. Durch deine müden Venen strömen. Durch dich hindurchrauschen und dafür sorgen, dass der erste Urin genauso rot wird, unnatürlich rot, wie verdünntes rosafarbenes Blut. Noch zwei solche Phasen voller Übelkeit, die den Verstand benebelt und die Welt in einen zweifelhaften Ort verwandelt, auf dessen tatsächliche Existenz du nicht mehr bauen kannst.

Nun hast du, darauf wartend, dass das Taxol aus deinem Körper weicht und Platz für eine neue Dosis AC macht, zehn Tage ungeplante Pause bekommen. Ein überraschender Frühlingsurlaub, der dir erlaubt, auf dem Balkon zu sitzen und das pulsierende Leben in dir zu spüren. Hier fasst du deine ganzen Vorsätze. Du willst ab jetzt alles anders machen. Dir die Augenblicke bewusst machen, sie nicht entwischen lassen. Spüren, wie dein Atem die Lunge füllt und dann wieder aus dir hinausströmt. Wie dich das Lachen deiner Kinder wie ein Wasserfall umspült. Das sollte genügen. Vollkommen genügen.

In dieser Zeit wirst du zum ersten und letzten Mal die Perücke aufsetzen. Zur Hochzeit von Freunden. Du wirst ein schönes schwarzes Kleid und schwarze Stöckelschuhe anziehen. Deine Perücke ist weiß, unnatürlich weiß, metallisch weiß. Pagenschnitt mit Pony. Schon nach einer Stunde wirst du sie ausziehen. Du wirst allen sagen, dass sie juckt. Das ist gelogen. Du erträgst dieses Versteckspiel nicht. Du wirst tanzen. Dein Körper ist fluide. Die Musik umschwirrt dich. Dringt in deine Zellen. Die Welt besteht aus Lachen. Du wirst bis in die Puppen tanzen. Auf der Tanzfläche bleibt am Ende nur dein Körper zurück. Frei.

Das Krankenhaus ist ein Ort, den du seit jeher kennst. Von deinem zwölften bis zu deinem sechsundzwanzigsten Lebensjahr wird dein Vater am Sterben sein. Ergeben und systematisch. Er wird alle sechs Monate im Krankenhaus landen. Und jedes Mal werden sie ihn von der Klippe holen, zurückschleppen in das Leben, an dem teilzuhaben sein Körper sich weigert.

Du bist fünfzehn. Ihr wartet auf den Rettungswagen. Du sitzt neben ihm. Sein Körper ist kalt und schweißgebadet. Kreidebleich. Seine Augen suchen nach deinen, du sollst zugeben, dass, auch wenn er nicht sicher ist, was genau er falsch gemacht hat, du trotzdem verstehst, er wusste es nicht besser. Die Nähe des Todes, die Möglichkeit seines endgültigen Fortgangs macht, dass du bereit bist, alles zu vergeben. Das Zimmer ist von einem sonderbaren, starken, süßen Geruch erfüllt. Er ähnelt dem Geruch nach Jasmin. Zuerst glaubst du, er kommt durchs Fenster. Dann begreifst du, er kommt von ihm, von seinem Körper. So riecht der Tod, weißt du. Du bekommst Angst, er könnte auch dich forttragen. Du willst aufstehen. Aus diesem Zimmer fliehen. Doch du bleibst sitzen, nimmst seine Hand, hältst sie ganz fest, damit er dich spürt und weiß, dass er nicht allein ist. Vielleicht versuchst du ihn auch von diesem Geruch loszureißen. Vielleicht beginnt genau dort dein offener, erbitterter, blutiger Kampf gegen den Tod. Du hältst seine Hand, siehst ihm in die Augen, lächelst ihn an. Vielleicht sagst du auch etwas, du erinnerst dich nicht mehr. Worte, die ihr zueinander sagt, egal, ob in diesem oder in jedem anderen Augenblick, sind schwer vorstellbar. Du weißt nur, dass er seine starren, aufgerissenen Augen nicht von dir lässt. Du bist die Boje, an die er sich klammert, während ihr in dem süßen, immer schwereren, immer berauschenderen Duft zu ersticken droht.

Später tragen ihn die Rettungssanitäter weg. Du gehst ins Bad und schrubbst dich unter heißem Wasser ab. Du sperrst den Mund weit auf und lässt das Wasser in dich hineinfließen. Der Geruch ist in jede Zelle deines Körpers eingedrungen. Du spannst dich an, um zu brechen, um ihn hervorzuwürgen. Manchmal denkst du, du hast es nicht geschafft, eine Spur von ihm ist für immer in dir drin geblieben, eine kleine verdorbene Stelle, von der aus dein Körper zu faulen beginnt.

Danach kannst du tagelang nichts essen. Erträgst keinerlei Gerüche mehr. Du bist wieder das Mädchen, in dessen Innerstem es weint. Du bist nicht mal in der Lage, dir Essen an den Mund zu führen. Dein Körper verändert sich. Wird mit jedem Tag dünner, zerbrechlicher, brüchiger. *Ein Häufchen Elend!*

Vierter Tag der fünften Chemotherapie. Bis gestern ging es irgendwie. Bis zum Nachmittag dachtest du, du seist dieses Mal stärker. Du würdest nicht krachen gehen. Dann beginnst du langsam, in den Abgrund zu sinken. In etwas Schwarzes und Klebriges, das die Gedanken bis zur Unkenntlichkeit verwirrt und dich nicht atmen lässt. Du kannst dich nirgends festhalten. Dein Widerstand verlangsamt den freien Fall vielleicht ein kleines bisschen. Du stehst unter der Dusche. Schlingst die Arme um dich. Du lässt das Wasser auf deinen Nacken prasseln. Siehst den Tropfen zu, wie sie ineinanderfließen. Langsam laufen sie über deinen Oberarm, bilden einen Fluss, der immer wieder abreißt, bis zum Boden. Die Berührung des Wassers beruhigt dich. Etwas an dem abfließenden Wasser versichert dir, dass das Leben nicht stehen bleiben kann.

Den kleinen Knoten, das Steinchen unter der Haut, das Korn, aus dem sich die Zukunft entfalten wird, die dich gerade erdrückt, hast du in jener heißen Nacht ertastet, zwei Tage nach deiner Rückkehr von einem zweitägigen Segeltörn in Montenegro. Dort versuchtet ihr vier alten Freunde, die Welt ohne Schwerkraft wahrzunehmen. Nur ihr vier auf dem kleinen Boot, um euch herum das weite Meer. Käse, Oliven und Wein. Das Meer ist ruhig und dunkel. Ihr durchpflügt es mit eurem Kiel. Hinterlasst eine Furche, von der es sich schnell erholt. Von eurer Fahrt bleibt keine echte Spur auf ihm zurück. Nur ein Augenblick und alles ist wieder genau so, als wärt ihr nie da gewesen. Es gibt kein vollkommeneres Vergessen. Das tiefe Blau teilt sich vor euch. Ermöglicht euch den Weg. Verschluckt die Erinnerung an euch.

Ihr habt den Anker mitten in der Bucht von Kotor geworfen – wie in eine offene Muschel. Du bist betrunken. Springst ins Wasser. Zum ersten Mal ohne Angst. Dein Körper bricht die Oberfläche. Stürzt tief ins warme Schwarz. Das Meer umarmt dich. Umhüllt jeden noch so kleinen Körperteil. Wiegt dich langsam. Nichts ist sanfter als Wasser. Warm und dickflüssig, eingelullt vom eigenen Dunkel. Es nimmt dich auf wie ein perfekt sitzender Handschuh. Streichelt dich und versucht alles abzuwaschen, was wehtun könnte. Du denkst dir, wenn Gott existiert, dann schläft er bestimmt in den Tiefen dieser Bucht. Ein Fisch müsstest du jetzt sein, denkst du. Dein Körper würde sterben ohne Wasser. Deine Venen ohne Salz. Du bist bereit, für immer hierzubleiben.

Du schließt die Augen unter der Dusche. Spürst, wie auf deiner Haut Schuppen hervorbrechen. Dein Körper ist biegsam und glitschig. Der Hand des Todes wird er leicht entgleiten.

Du bist siebzehn. Dein Vater hatte eine Darmverschlingung und einen Infarkt. Vielleicht nur eins von beidem. Die Ärzte sind sich nicht sicher. Sie verlegen ihn von einem Krankenhaus ins nächste. Sie versuchen zu enträtseln, von welchem Ort sein Körper diesmal abdanken will. Von seinen Krankheiten seid ihr schon alle übermüdet. In der Stadt geht die Nachricht um, er sei gestorben. Die Nachbarin kommt verweint zu euch ins Haus. Als sie hereinkommt, bist du gerade dabei, den Esstisch abzuwischen. Du drückst auf, als wolltest du ihn abschleifen. Du ahnst etwas, vielleicht ist dir bereits etwas zu Ohren gekommen. Du erinnerst dich nicht mehr. Mit Druck und schnellen Bewegungen fährst du über die braune Holzplatte. Das ist das Einzige, was dich interessiert. Sie wird immer glänzender. Du bist außer Atem. Du schwitzt. Du hörst nicht auf.

»Mein Beileid, Mädel.«

Sie reicht dir die Hand. Du lässt den Lappen sinken. Streckst deine Hand hin. So macht man das in diesen Momenten. Wenn dir jemand die Hand reicht, dann reichst du deine. Die Worte haben keine Bedeutung. Du konzentrierst dich auf die Bewegungen. Als sie dich berührt, steigt Übelkeit in dir hoch. Du ziehst die Hand zurück, doch sie lässt nicht locker. Sie will dich umarmen. Zuerst schiebst du sie sanft weg. Ihr Druck lässt nicht nach. Da fängst du an zu schlagen. Mit den Fäusten, mit aller Kraft. Mama kommt, vom Schrei erschreckt, aus dem Nebenzimmer herein. Sie versucht, deinen durchgedrehten Körper von der armen Frau zu trennen. Sie reden miteinander. Du hörst sie nicht. Du stößt beide weg. Läufst irgendwohin. Du erinnerst dich nicht, wohin. Vielleicht auch in dein Zimmer. Es ist egal. Du spürst weder Raum. Noch Zeit. Etwas Schweres klebt an dir und tut weh. Später kommt jemand herein und sagt, er sei am Leben. Du versuchst dich zu freuen. Du fühlst nichts.

Sieben Tage später siehst du ihn. Im Zimmer stehen zehn Betten. Du gehst an seines. Fährst mit dem Blick über ihn. Erkennst ihn nicht. Das Morphium macht das, sagen sie dir, es kann einen völlig verändern, auszehren. Du sitzt neben seinen Beinen. Er sieht dich mit leeren Augen an. Versucht ein Lächeln. Die Stille zwischen euch ist ein Spinnennetz, in dem die Worte festhängen.

Du versuchst, dich an dich als Kind zu erinnern. Das Bild entzieht sich dir immer wieder. Dritter Tag der sechsten Chemo. Du widersetzt dich der Schwerkraft, die dich ans Bett nageln will. Deine Gedanken sind zerstreut und müde. Sie lassen sich nicht zu einem festen Satz formen. Du brauchst dein altes Du, das Mädchen. Du weißt, dass du ihm etwas sagen musst, einen Trost, nach dem dann ein anderes Leben beginnen kann. Dich von dem Ort lösen, an dem du jetzt bist. Du bist dir ganz sicher: Die Zeit – das sind zu einem Knoten verheddertet Darmschlingen. Du lässt deine Stimme erklingen, damit sie durch sie hindurchfließt. Zu dem Mädchen durchdringt. Es gelingt dir nicht, das Mädchen zu rufen. Wegen der Übelkeit hältst du die Augen lieber geschlossen, so ist dir weniger schlecht. Die Dunkelheit macht dir keine Angst. Es ist deine Dunkelheit. Du kennst dich schon zu gut von innen. Die Stille, mit der die Dunkelheit spricht, ist endgültig. Vielleicht ist das der Trost, den du dem Mädchen anbieten möchtest. Der Gedanke ist nicht imstande, seinen Anfang und sein Ende zu fassen. Du bist dir bei nichts mehr sicher – du weißt nur, dass alles entgleitet. Die Zeit, mittlerweile hältst du sie schon für eine kaputte Ziehharmonika, hält euch auf Abstand, es gibt keine Note, in der ihr euch berühren würdet.

Dein Haar wächst, borstig wie Draht. Alle paar Tage rasierst du dir den Kopf. Meist kratzt es beim Liegen. Jetzt ist es anders, weicher. Vielleicht bleibt es ja. Haare zu haben ist der erste Schritt, zu sich zurückzukehren. Deine Tochter kommt herein. Sie umarmt dich. Ihre Umarmung ist eine kleine Verschnaufpause. Ein kurzer Moment, in dem alles, was weh tut, inne hält.

»Warum ist dein Kopf so grau?«, fragt dein Sohn.

Im Bad siehst du, dass dein Haar tatsächlich komplett grau nachwächst. Graues Haar über ergrautem Gesicht. Du wühlst in den Schubladen auf der Suche nach Farbe. Du findest eine Packung Blond. Du mischst sie an. Färbst dir die Haare. Du kannst die Augen nicht offen halten. Dein Magen steht dir im Hals. Jeder Atemzug ist ein Zünglein an der Waage und könnte dich, wenn das Gewicht falsch verteilt ist, ins Erbrechen stürzen, welches, denkst du, nie wieder aufhören würde. Bei dem ganzen Gift in dir drin ist es sicher nicht gut, noch welches auf dich draufzugeben. Aber du wirst ruhiger dadurch. Du hast einen Raum geschaffen, in dem du selbst über dich entscheidest. Irgendwo vor dir ist ein Ende in Sicht.

Du sitzt wieder im Sessel. Die nächsten drei Tage wirst du dort verbringen, wirst stärker sein als zuvor. Wieder überzeugt: Das Schlimmste ist vorüber. Du weißt, irgendwo in dir, im schwärzesten Dunkel, herrscht Frieden. Der Funke, aus dem du entstanden bist. Dort kannst du dich eine Million Mal zum Leben erwecken. Dort ist kein Tod in der Lage, dich umzubringen. Die Wirklichkeit setzt sich aus tausend Schichten zusammen. Aus Fallen, die dich auf dem Weg zu dir, zum Ort deiner Rettung, aufhalten. Der Weg ist ganz in deiner Nähe, als hättest du ihn geträumt, früher schon einmal gesehen. Er ähnelt dem Schulweg, als du Kind warst, als Schnee fiel. Es geht bergauf. Die Straße ist vereist. Du schlitterst. Du bist klein und kommst nur schwer voran, weißt nicht, ob du es schaffen wirst. Du spürst aber klar und deutlich, dass dieses Hindernis auf deinem Weg nur ein Fehler in der Wirklichkeit ist. Eine Steppnaht auf deinem Kleid, die in die falsche Richtung geht.

Du weißt, du musst dich an der Mauer festhalten, die Augen fest zusammenkneifen und bis zu dem Schalter gelangen, mit dessen Hilfe du die Welt resetten wirst.

Du bist noch ganz klein. Ihr lebt mit Oma und Opa in einem Haus. Du schläfst mit ihnen im Zimmer. Opa wiegt dich jede Nacht in den Schlaf. Ihr schlaft auf einer großen ausklappbaren Couch. Du liegst in der Mitte. Du gehst viel früher schlafen als sie. Opa kommt mit. Er sitzt so lange bei dir, bis du eingeschlafen bist. Vielleicht sogar länger. Das weißt du nicht. Du sinkst in den Schlaf, überzeugt, er werde für immer dableiben. Das Bett ist groß. Dein Körper klein. Er hält deinen Fuß. Darum bittest du ihn. *Opa, halt meinen Fuß.* Bis heute gibt es keine tröstlichere Berührung. Seine Hand ist warm. Er taucht sie in die Kuhle deiner Fußsohle. Füllt die Krümmung aus. Verdrängt die Leere. Von dir ist kein Teil ungeschützt. Irgendwann kommt dir der Gedanke, dass alles, was später kam, bloß dein Versuch war, wieder diese Berührung zu spüren.

Vor Neujahr stellt ihr einen großen Tannenbaum aus Plastik neben der Couch auf und schmückt ihn. Mama klettert auf einen Stuhl, um die Kartons vom Schrank zu holen, in denen der Baum und die Figuren sind. Jede Figur ist anders. Zerbrechlich. So dünn, dass du nicht zu atmen wagst, wenn sie dir eine reicht. Du hängst die Figuren an den Tannenbaum. Sie wickelt sie vorsichtig aus dem Zeitungspapier, fasst sie am Faden, an dem sie befestigt sind, und reicht sie dir. Du hast gewaltige Angst, sie kaputtzumachen. Mama wäre dann traurig. Die Traurigkeit deiner Mutter ist eine dicke Steppdecke, deren Ende du nicht siehst. Danach steckt ihr Lichter auf den Baum. Ihr legt Watte auf die stachligen kleinen Plastikzweige, als Schnee. Am Schluss hebt Mama dich hoch, damit du einen großen goldenen Stern auf die Spitze setzt.

Später hast du dich schlafen gelegt. Die Lämpchen sind eingeschaltet. Sie blinken. Verschiedenfarbiges Licht tanzt durchs Zimmer. Opa hält deinen Fuß.

HERCEPTIN

Ein Fläschchen enthält 150 mg Trastuzumab, einen humanisierten monoklonalen IgG1-Antikörper, der aus einer Suspensionskultur von Säugetierzellen (Ovarialzellen des chinesischen Hamsters) hergestellt und durch eine Affinitäts- und Ionenaustauschchromatografie, die spezifische virale Inaktivierungs- und Entfernungsprozesse beinhaltet, gereinigt wird.

Trastuzumab ist ein humanisierter monoklonaler IgG1-Antikörper, der mit dem HER2-Rezeptor interferiert. Herceptin ist ein steriles, weißes bis hellgelbes Pulver zur Herstellung eines Infusionslösungskonzentrats. Seine Hauptaufgabe ist die Behandlung bestimmter Brustkrebsarten. HE-Rezeptoren sind Proteine, die in die Zellmembran eingebaut sind und für die Übertragung der molekularen Signale aus der Zellumgebung ins Zellinnere zuständig sind. Jeder HE-Rezeptor ist aus extrazellulären und intrazellulären Domänen gebaut. Die extrazelluläre Domäne kann die Liganden verbinden, während die intrazellulären Protein-Kinasen der Domäne die weitere Signalkaskade aktivieren. HER-Proteine regen die Proliferation, das Wachstum und Überleben der Zellen an. Einige Krebsarten, insbesondere bestimmte Brustkrebstypen, weisen eine HER2-Überexpression auf, die eine unkontrollierte Teilung der Krebszellen verursacht.

Studien zu Trastuzumab zeigen, dass es die Lebenserwartung bei Brustkrebs im späten (metastasierten) Stadium von 20,3 auf 25,1 Monate verlängert. Bei Brustkrebs im Frühstadium verringert es das Rückfallrisiko nach einer Operation auf 9,5 %, die Sterberate auf 3 %. Ein erhöhtes Risiko schwerer Herzerkrankungen von 2,1 % ist möglich, was durch eine Unterbrechung der Behandlung verhindert werden kann. Trastuzumab wird darüber hinaus auch für die Behandlung anderer Krebsarten, deren Tumore HER2 überexprimieren, untersucht.

Es ist Mai. Die Welt draußen zirpt und summt. Trunken. Von deinem Balkon ist Vahidas Hof zu sehen. Taib, ihr Sohn, ist irgendwann diesen Winter gestorben. Oder Herbst. Du erinnerst dich nicht mehr. Die Zeit hat keinerlei Bedeutung. Zeitlichkeit wird in Therapien, nicht in Minuten gemessen. Er hatte Lungenkrebs. Mehr weißt du nicht. Dieses Jahr ging keine einzige Rose in Vahidas Garten auf. Taib ist einer der Gedanken, die nicht erlaubt sind. Auch Vahidas Rosen sind nicht erlaubt, denn sie führen zu Taib. Du bist nicht mal sicher, was du beim Gedanken an solche Dinge fühlst. Du und die Welt, durch das Gesetz der kommunizierenden Röhren verbunden, gelangt an einen Punkt, an dem nicht einmal mehr Angst existiert. Nur müde, übersättigte Traurigkeit.

Du hast dir gesagt: *Das Schlimmste ist geschafft. Alles bereits geschafft. Was jetzt noch kommt, werde ich nicht mal spüren.*

Doch was kommt, ist Herceptin. Siebzehn Dosen. Alle drei Wochen eine Injektion in den Oberschenkel. Das Mittel brennt im Gewebe. Sie spritzen es langsam hinein, Tropfen für Tropfen. Um die Einstichstelle entsteht ein großer roter Kreis. Im Laufe des Tages wird er unter kalten Umschlägen langsam weiß. Verformt sich zu einem großen, geschwollenen weißen Fleck. Du hast Glück. Nur einen Monat früher wurde Herceptin noch ausschließlich in die Vene verabreicht. Deine Venen hätten diese zusätzlichen siebzehn Einstiche nicht durchgehalten, neben siebzehn Blutentnahmen, die den Nachweis erbringen, dass du fähig bist, bereit für den nächsten Schlag. Ständig wiederholst du: *Was für ein Glück! Was für ein Glück!*

Tamoxifen nimmst du auch. Das Karzinom war Hormonrezeptor-positiv. Das Tamoxifen soll die Wirkung von Östrogen und Progesteron stoppen. Zwei Tabletten täglich, die nächsten zehn Jahre. *Das ist völlig okay*, sagst du dir. Die Packungsbeilage des Medikaments, in der aufgezählt wird, was alles schiefgehen kann, liest du nicht. Dein Körper ist bereit, sagst du. Er will das. Er braucht Hilfe. Er willigt ein.

Vor dir liegt der Sommer. Und Gesundheit. Leben. Das Glück, auf das du so lange gewartet hast. Ab diesem Punkt kommt nur noch Gutes. Da bist du dir ganz sicher.

Deine Menstruation war schon immer schmerzhaft. Mit der Zeit wurde sie schwerer. Sie kommt nachts. Du spürst es schon Tage vorher, dieses Verrücken aus dir, diese Angst, die alle Risse, durch die Schmerz dringen kann, offenlegt. Die Löcher, die du den Rest des Monats permanent stopfst. Zunähst. Dich überzeugst, sie seien nicht da.

Schmerzen wecken dich. Im Unterleib und im Kreuz. Deine Vagina fühlt sich so offen an, dir scheint, du würdest durch sie hindurch vollständig ausbluten. Es kommen nur kleine vereinzelte dunkle Tropfen aus dir heraus. Die erste Stunde verbringst du im Badezimmer. Auf dem Klo. So ist es am erträglichsten. Du hältst eine Waschschüssel auf deinem Schoß. Dir ist schlecht, du denkst, du musst gleich brechen. Dich selbst durch den Mund ausspeien. Du hast dir ein Glas Cognac eingegossen. Du trinkst es langsam. Normalerweise trinkst du nicht, du bist zu jung dafür. Sie haben dir gesagt, es tue weh, weil das Blut nicht fließen könne. Der Körper müsse durch Alkohol erhitzt werden. Du weißt nicht, ob es dir hilft. Nach einer Stunde oder länger, nach ein paar erfolglosen Versuchen, wird es dir schließlich gelingen, nach drüben ins Wohnzimmer zu gehen. Du wirst deine Lenden und deinen Bauch mit einem großen Wollschal umwickeln. Sogar im Sommer. Du wirst dich in den Sessel hocken. Ein Kissen liegt in deinem Rücken und du stemmst dich dagegen. Ein zweites ist unter dir. Deine Beine sind angewinkelt. Zusammengekauert sitzt du da. Wartest, dass es vorbeigeht. Deine Gedanken sind zerstreut. Du wünschtest, du wärst wieder klein. Dein Opa säße neben dir. Würde deinen Fuß halten. Der Baum wäre geschmückt. Die Farben verschwämmen, während du in den Schlaf sinkst.

Kein Mensch ist da. Es ist Nacht und alle schlafen.

Stundenlang sitzt du so da. Jedes Mal. Wartest. Dein Körper zerlegt sich irgendwo tief in deinem Inneren. Er will sich halbieren. So oft zerteilen, bis das Blut fließen kann, bis der Schmerz nachlässt. Du wartest bis zum Morgengrauen und gehst schlafen, erschöpft. Einmal mehr hast du dein Frau-Werden verschmerzt.

Der endgültige Übergang ins Nichts ist der Moment, in dem das Bewusstsein ausgeschaltet wird. Noch weißt du das nicht. Du redest dir ein, die Schwäche, die du fühlst, die allgegenwärtige Müdigkeit, komme vom Herceptin. Das sei normal.

Beginnen wird es mit der Menstruation, die du sieben Monate, nachdem das Taxol den Zyklus unterbrochen hat, bekommst. Es ist Anfang September, früher Morgen. Du wirst von Vogelgezwitscher und Schmerzen geweckt. Es fällt dir schwer, den Schlaf abzuschütteln. Du versuchst dich zu erinnern, wo du bist. Du denkst, du bist im Wasser, in einem warmen Gewässer. Das Meer in der Bucht von Kotor schäumt. Es ist eingedickt. Du kannst deine Beine nicht bewegen. Du sinkst. Dir bleibt die Luft weg. Als würde dir jemand seine Hand auf den Kopf legen. Dich nach unten drücken. Du zuckst zusammen. Erwachst schreiend. Reißt die Augen weit auf und richtest dich im Bett auf. Um dich herum breitet sich eine große dunkle Blutlache aus.

Schon am nächsten Abend landest du im Krankenhaus. Der Blutfluss hört und hört nicht auf. Blut rinnt dir die Beine hinab, wenn du läufst. In der Klinik geben sie dir eine Spritze. Stoppen das Bluten. Du spürst Erleichterung. Du bist überzeugt, dass dich ein Geschoss verfehlt hat. Vielleicht bist du auch einen deiner unbewussten Tode gestorben. Das weißt du nicht. Aber die Müdigkeit verlässt dich nicht. Du willst nur noch liegen. Außerdem wünschst du dir, von jemandem so geliebt zu werden, dass diese Liebe dich völlig neu belebt. Wie an einen Strohhalm klammerst du dich an die Hand deines Geliebten.

Du hast dir eine Katze angeschafft. Eine kleine. Mit orangefarbenem Fell. Du nennst sie Frida. Sie soll sicherstellen, dass das Leben weitergeht. Mit ihrer Wärme, ihrem Ruhe verströmenden Körper soll sie all die leeren Ecken in eurem Haus erwärmen, in die sich die Angst eingeschlichen hat.

Ein paar Tage später stellst du fest, dass du erhöhte Temperatur hast. Nicht viel. Nur 37,3. Doch nichts bringt sie zum Sinken. Die Müdigkeit hört nicht auf. Du beginnst, verschieden Ärzte abzuklappern. Stehst morgens auf und gehst zu einem von ihnen. Du bemerkst, dass deine rechte Brust leicht geschwollen ist. Du musst noch einmal ins MRT. Ihr müsst ausschließen, dass er zurückgekommen ist. Dass ein neuer gekommen ist. Sich in einem unaufmerksamen Moment eingeschlichen hat. An dem Morgen, als du zum MRT gehst, bekommst du wieder deine Tage. Nichts kann dieses Blut aufhalten, das nicht in dir bleiben möchte. Du trägst einen Krankenhauskittel. Sitzt auf der Bettkante. Mehrere Schwestern versuchen abwechselnd, die Braunüle in deine verhärtete Vene zu setzen. Dann ziehen sie dir eine Windel an. Damit du das MRT nicht vollblutest. Sie wissen nicht, was sie mit dir und diesem ganzen Blut machen sollen. Für Leute wie dich wurden sie nicht ausgebildet. Es ist eine Privatklinik. Du und deine Mutter seid heute morgen hierher gefahren, nach Sarajevo, weil im Krankenhaus deiner Stadt das MRT kaputt ist. In dem rüttelnden Eisenmaul liegst du in einer unmöglichen Position, auf dem Bauch, deine Arme nach vorn gestreckt, mit erhöhten Beinen, verschluckt, kaum bei Bewusstsein, nicht vorbereitet auf all das Schlechte, was auf dich einstürzen will.

Der Befund ist gut. Kein neues Karzinom. Die Prothese ist auch nicht geplatzt. Es sieht alles ganz ordentlich aus. Nur deine Brust wächst unaufhaltsam weiter. Das Fieber fällt nicht. Und du wirst immer müder. Völlig zerschlagen. Du spürst, wie die Fragmente, die sich zu deinem Körper verbinden, kurz davor sind aufzugeben. Du willst nur noch schlafen, dich verstecken, für einen Augenblick der Angst entfliehen, aus der zu befreien dir zum ersten Mal nicht gelingt. Nach der Untersuchung fahrt ihr zurück, nach Hause. Du versuchst, an deinen Geliebten zu denken. Er, wie auch das reale Leben außerhalb der Klinikwände, alles abseits von dem Haufen Papier voller Wörter und Zahlen, die die Geschichte deines Körpers zu einem sinnhaften Ganzen verbinden wollen, geht an dir vorbei. Du wirst niemals den Weg zurück finden, bist du überzeugt.

Statt nach Hause fahrt ihr ins Krankenhaus. Die Schwäche ist zu groß. Aus dir fließt ein wild gewordener Fluss. Ein Sturzbach, der alles mit sich reißt. Wieder stoppen sie deine Menstruation. Sagen: Gebärmutter und Eierstöcke müssen entfernt werden. Sonst sei das Risiko zu groß. Du hörst die Begründungen nicht. Du hörst gar nichts. Du fragst dich, ob du dann noch eine Frau sein wirst. Ohne Brüste, ohne Gebärmutter, Eierstöcke. Eine Frau ohne Körper, der sie zur Frau macht. Es ist dir fast egal. Nur noch eine weitere Sache, die du tun musst, ein weiterer Teil von dir, von dem du dich trennen musst, um zu bleiben.

Du musst so schnell wie möglich operiert werden. Vor einer neuen Blutung. Dein Blutbild ist schlecht. Ob du den Eingriff überleben wirst, wissen sie nicht. Auch nicht, warum das Blut nicht in dir bleiben will. Die Heftigkeit des Aufruhrs verwirrt sie. Das Fieber sinkt nicht. Die Brust wächst. Sie ist jetzt leicht gerötet. Die Anämie wird schlimmer, macht die Operation unmöglich. Du nimmst eine Menge Präparate ein, um dein Blut wiederherzustellen. Das Blut will nicht, es hat genug. Du weißt nicht, wie lange das alles dauert. Vier oder fünf Wochen.

Es gibt kein Organ mehr in deinem Körper, das nicht durchgecheckt wurde. Jede Untersuchung ist alarmierend. In jedem deiner Körperteile leistet etwas Widerstand. Täglich wird ein neuer Tod anberaumt. Doch du wehrst dich. Weigerst dich. Du schaffst es nicht, in dem Kanal zu bleiben, den du dir seit einem Jahr buddelst und aus dem du die Angst verbannt hast. Nun besteht alles aus dieser Angst. Das liegt an der Anämie. Dein Gehirn bekommt nicht genug Sauerstoff. Es fühlt sich an, als ob dich jemand erdrücken würde. Deshalb tobt dein Körper. Beharrlich schlägt er die unsichtbare Hand von Mund und Nase. Das Gehirn ist völlig außer sich, wird von deinen tollwütigen Zuckungen wahnsinnig. Deine Hand in der Hand deines Liebhabers ist der einzige Faden, der dich mit der Wirklichkeit verbindet.

Jeden Morgen gehst du ins Krankenhaus. Sie machen verschiedene Tests mit dir. Der Rest des Tages besteht aus Warten. Das Blut verbessert sich nicht. Sie suchen nach inneren Blutungen, Rissen, einem Loch, durch das Blut sickert und so den Zusammenbruch deines Mechanismus verursacht. Jeder neue Tag, jede neue Untersuchung ist eine weitere Umleitung, die ins Nichts führt. Zu einer weiteren Frage ohne Antwort.

Zusammengekauert liegst du auf dem Sofa. Gegen das Liegen wehrst du dich nicht mehr. Deine Gedanken rasen, panisch, als sähen deine zwei Augen zwei unterschiedliche Bilder. Zum ersten Mal denkst du, es könnte nun wirklich vorbei sein.

Du erinnerst dich nicht, ob du vor Vaters erstem Infarkt schon mal im Krankenhaus warst. Du bist zwölf Jahre alt. Du erinnerst dich nicht, wie viele Tage er schon in diesem Vierbettzimmer mit abgewetzter Bettwäsche lag, als Mama euch hinbrachte, damit ihr ihn seht. Du erinnerst dich nur an die Kühle im Flur, trotz des heißen Sommers. Der Raum macht dir Angst. Du vergisst zu atmen. Es schnürt dir die Brust zusammen. Er liegt in einem blauen Pyjama mit Knöpfen im Bett. Du hast ihn nie zuvor im Pyjama gesehen. Er schläft sonst nur mit einer Unterhose bekleidet. Sein Gesicht ist eingefallen und blass. Er sieht anders aus. Fast erkennst du ihn nicht. Mama holt aus einer Tüte das mitgebrachte Essen. Sie räumt den Nachttisch neben dem Bett ab. Packt die dreckigen Sachen, die nach Hause mitgenommen werden müssen, in die Tüte. Sie ist beschäftigt. Du und dein Bruder steht da und schweigt.

»Wie war's in der Schule?«, fragt er dich.

»Gut«, sagst du.

Du siehst ein wenig in sein Gesicht. Bemühst dich, noch etwas zu sagen. Dein Kopf ist völlig leer, also blickst du zu Boden.

»Und bei dir, Junge?«, fragt er nun deinen Bruder.

»Gut«, antwortet der.

Wieder schweigt ihr. Nur das Rascheln der Tüte in Mutters Händen ist zu hören.

Später, auf dem Rückweg, die gleichen kühlen Flure entlang, eilen Mama und dein Bruder voraus. Du folgst ihnen, in die Fotografien an den Wänden vertieft. Du schaust nicht vor dich. Ein großer Betonpfeiler versperrt dir den Weg. Du donnerst mit voller Wucht dagegen. Mit dem Kopf zuerst. Der Ton innen drin, in dir, ist dumpf und klingt nach. Deine Knie werden schwach, du sackst zu Boden. Den restlichen Tag dröhnt es in deinem Kopf, der Ton hallt wider. Als ob du ihn verschluckt hättest und nun kann er den Ausgang nicht finden, den Weg aus dir hinaus.

Sein Echo hallt auch heute noch in dir, jedes Mal wenn du die Krankenhausschwelle übertrittst.

Dich suchen nachts die Frauen nicht mehr auf. Mondschein fällt als Milchfleck auf die Wand. Die Decke lässt keine Welten durch, die dich zu trösten vermögen. Du weißt, jetzt musst du dich auf den Weg machen.

Der Himmel ist eine Metallplatte. Er spiegelt die Stille wider, die verschmierten Farben deiner Ruhelosigkeit. Du fährst in den Süden. Dort musst du sie finden. Steif gewordene Strohblumen kündigen den Winter an. Von den Olivenbäumen blicken dich schwarze und grüne Augen an. Die Kiefern umarmen ihre Wurzeln, sie falten ihre Hände zum Gebet, dass dein Körper vollständig bleiben möge. Die Berge stürzen sich kopfüber den Abhang hinunter ins Meer. Die Küste hat die offene See mit Inseln bespritzt. Salz rauscht in der Luft. Die Wellen ebnen geheime Pfade. In der Tiefe leuchtet Plankton. Die Fische sind aus Silber. In ihnen zählen Uhrwerke die Ewigkeit ab.

Medea findest du in einer Höhle. Sie kehrt dem Licht den Rücken. Erkennt dich nicht wieder. Ihre Tränen sind ein salziger Strom, ein tosender Wasserfall, der gegen den Felsen donnert.

»Geh besser weiter, hier wirst du nichts finden. Was solltest du auch wollen von so einer Frau? Haben sie dir nicht schon Hunderte Male meine Übeltaten aufgezählt? Eine Wilde. Vor Liebe zum armen Jason toll geworden, das sagen sie. Wen interessiert schon meine Wahrheit? Geh. Ich kann dir nicht helfen.«

Du gleitest auf der Meeresoberfläche wie auf einem gefrorenen See bis zur felsigen Insel mit einem Steingarten voll männlicher Körper. Die Schlangen in Medusas Haaren sind eingeschlafen.

»Das ist kein Traum. Der Tod ist eine ansteckende Krankheit. Flieh«, sagt sie, »obwohl jeder Kampf von vornherein verloren ist, wenn du eine Frau bist.«

Sie hat den Blick gesenkt, ihr Tod kann dich nicht lebendig machen.

Etwas weiter, an der Stelle, wo das Meer sich öffnet, um den Fluss aufzunehmen, versteckt das Delta die Leichen der Amazonen. Ihr Haar ist Schilfrohr, vom Wasser geschaukelt.

»Penthesilea! Penthesilea!«, rufst du.

»Ich fiel durch Achilleus' Hand. Nun bin ich nur mehr eine von vielen Leichen, die auf den Seiten der Geschichte herumliegen. Besiegt.« Ihre Augen sind Muscheln voller Schlick.

»Wir sind Mondkriegerinnen, Töchter des Ares!«, schreist du.

Deine Stimme prallt an ihren Körpern ab. Sie sind nun aus Glas. Dir springen die Narben an ihren Brüsten ins Auge.

»Wasser erinnert sich. Nur das Wasser wird die Umrisse unserer Schmerzen mit in die Ewigkeit nehmen.«

Das ist das Letzte, was du vernimmst. Der Nebel schluckt euch. Heiß und wütend, als bräche er aus dem Abgrund der Welt unter deinem Bett hervor. Das Bett ist tief und schmal, wie ein Grab, aus dem du niemals aufstehen wirst.

Der September zerfällt in den Oktober. Am fünfzehnten bleibst du im Krankenhaus. Die Operation ist auf den siebzehnten angesetzt. Sie hoffen, dich operieren zu können. Bis zum fünfzehnten führen sie noch täglich weitere Tests durch. Fahren dir mit verschiedenen Geräten über den Körper. Nehmen Proben von deinem Blut, Urin, Kot. An den drei Tagen davor, einschließlich jenes Montags, an dem die Luft beißend wurde und ohne Rücksicht auf deine Angst den Herbst ankündigte, gehst du um sieben Uhr früh in die Intensivstation. Dort schlagen sie sich mit deinen Venen herum, um Blut abzunehmen. Es wird zur Analyse weitergeleitet, auf der Suche nach irgendeinem merkwürdigen Bakterium, das in deinen Blutkreislauf gelangt ist und dich von innen her zerrüttet. Aus deinem tiefsten, schwärzesten Innern heraus. Am dritten Morgen, nach der Blutentnahme, gibt sich das versierteste medizinische Personal die Klinke in die Hand. Sie suchen deinen Arm nach einer Ader ab, die die Braunüle aufnehmen kann. Nach einer Stunde vergeblicher Versuche, während deine und ihre Hände schon zittern, gelingt es ihnen, dir eine kleine Braunüle zu legen, eine für Kinder. Der Arm will nicht, diesmal wirklich nicht, endgültig und trotzig hält er dagegen. Der zitternde, abgekämpfte, erschöpfte Körper vertraut niemandem mehr, lehnt alles ab.

Ein paar Stunden früher stehst du im Flur der Intensivstation. Vor dir zwei Türen. Du wartest. Die Reinigungskraft öffnet eine Tür, wischt den Boden davor und lässt sie offen stehen. Du blickst in ein Zimmer mit zehn Betten. Im ersten liegt sie. Du erkennst sie nicht auf Anhieb. Ihren weißen, blassen Körper. Glatzkopf. Bis eben muss sie noch Haare gehabt haben. Aida. Ihr seht euch an. Lange fehlen die Worte. Sie stecken im

Hals wie Fischgräten. Sie liegt nackt unter einer Decke, die sie bis zur Brust bedeckt. Du stehst einige Meter von ihr entfernt. Sie breitet die Arme aus. Du denkst: Wie lang und wie schön ihre Arme sind. Du findest, sie ähnelt einem Vogel. Ihre ausgebreiteten Arme zerteilen die Luft, als würden sie sich ergeben, endlich ergeben. Ihr Mund sagt nur das Eine: *Schrecklich, schrecklich, schrecklich, schrecklich.* Dieses Wort ist eine Schwingung, die dein Ohr nie wieder verlassen wird. Nun weißt du, wie der Ort aussieht, hinter dem nichts mehr ist. Und ihre Augen wiederholen: *Schrecklich, schrecklich, schrecklich.* Erst später wird dir bewusst, dass du geweint hast. Aber auch gelacht. Du hast alles, was in dir ist, in dieses Lächeln gelegt. Da lächelte sie auch. Und fragte dich: *Na du, wo hast du denn deine Haare her?* Ihr lachtet, eure Körper schüttelten sich, vor Schmerz, im Krampf, aus Furcht. Du schicktest ihr Kusshände und sagtest: *Meine Liebe, meine Liebe.* Ihre Hände breiteten sich wieder aus, schoben die Luft auseinander, die von den monotonen Geräuschen der Geräte an den alten Patienten auf den Nachbarbetten zerschnitten wurde. Sie sagte nichts mehr. Für einen Moment wechselte Wärme das Dunkel in ihren Augen ab. Etwas, das an Frieden erinnerte. Vielleicht hatte sie in deinen Augen gesehen, dass sie noch lebte.

Sie starb einige Tage später. Das musste dir niemand sagen. Du wusstest es. Du spürtest, wie sie durch dein Krankenzimmer ging, leicht, mit einem Lächeln im Gesicht. Um sie herum flimmerte glitzerndes silbernes Licht. Ihr Haar war lang und üppig. Keine Angst in ihren Augen. Möglicherweise existiert eine Welt, in der es Gott gibt, dachtest du.

Es ist Dienstagabend. Sie bereiten dich für die Operation vor. Sie rasieren und klistieren dich. Du fühlst nichts. Dein Körper ist daran gewöhnt, lauter Dinge zu tun, die er nicht tun will. Du wiederholst für dich wie ein Mantra: Alles wird gut. Die Ärztin, die Gynäkologin, die dich operieren wird, hat eine ruhige, weiche, tröstende Stimme. Auch sie sagt dir: Alles wird gut. Du glaubst ihr. Als sie aus dem Zimmer geht, kommt die Angst zurück. Die Angst ist schwarz und zittrig, erinnert an Pudding aus Wasser, mit zu viel Zucker gekocht, klebrig. Sie ist ein schwarzes Loch, das sich in der Realität öffnet und du versinkst darin. Das gefräßige Maul des Nichts, das alles vor sich verschlingt. Teer auf der Straße, an dem die Sohlen kleben bleiben. Eisige Luft, die an der Haut schrubbt. Das in einem zerbrochenen Spiegel verzerrte Bild.

Trotz der Beruhigungstabletten, die sie dir gegeben haben, kannst du nicht einschlafen. Etwa um Mitternacht kommt der Anästhesist, der Mensch, der sich schon seit einem Monat um dich kümmert, und nimmt dir einen Teil deiner Ängste wegen allem, was schiefgehen kann, ab. Er entscheidet, nicht bis morgen zu warten, sondern dir jetzt eine Transfusion zu geben. Sie hängen einen Beutel mit rotem, dickem, fremdem Blut an, für die Vene. In dem Augenblick, als es losgeht, spürst du im Mund, im Rachen einen schweren, unangenehmen Geschmack. Als würdest du jemandes Körper essen.

Es ist okay, sagst du dir, *es ist okay. Das wird dir helfen. Stell dir nicht vor, wie ein anderer Mensch in dich hineinfließt.*

Nach einer halben Stunde geht der Schüttelfrost los. Du springst aus dem Bett. Elvira, die Krankenschwester, die diese Nacht mit dir verbringt, holt einen Haufen Decken und wirft sie über dich. Die Transfusion haben sie abgestellt. Dein Körper hat sie abgewiesen. Der Anästhesist steht neben deinem Bett. Kann seine Besorgnis nicht verbergen.

Es ist drei Uhr morgens, als du dich ein wenig beruhigst, als die Kälte, die sich anfühlt, als ob sie an deinen Knochen nagt, langsam aus dir weicht. Elvira fragt dich, ob du irgendeine Sure kennst, die du hersagen kannst. Du antwortest, nein. Du weinst. Während der nächsten halben oder ganzen Stunde, oder den nächsten zwei Stunden, du weißt es nicht mehr, steht sie neben dir, streichelt dein Haar und spricht dabei leise, kaum hörbar, Gebete. Du bist vollkommen überzeugt, dass dies dein Ende ist.

Was am darauffolgenden Morgen in den Klinikzimmern und Fluren passierte, zwischen all den Ärzten, die versuchten, deinen Körper zur Genesung zu überreden, weißt du nicht. Sie kamen herein und verkündeten, dich nicht operieren zu können. Sie müssten erst einen Weg finden, das Blut wiederherzustellen. Sie schickten dich nach Hause. Du sagtest nichts. Du fragtest nicht, ob sie dich jetzt zum Sterben nach Hause schickten, weil sie dir nicht helfen könnten. Der Ton kam nicht durch deine Kehle, über deine Lippen.

Später bist du im Zimmer deines Sohnes. Du liegst neben ihm. Umarmst ihn. So verharrt ihr stundenlang, du und dieses Kind, dem etwas zu sagen du nicht imstande bist, außerstande, irgendetwas zu erklären. Die Dunkelheit wird langsam etwas lichter. Dein Atem geht gleichmäßig. Die Zeit hat einen Anfang und ein Ende. Der Raum feste Grenzen. Dein Kind ist der Angelhaken, der dich aus dem tobenden Panikmeer zieht. Der Pfahl, an den du dich klammerst, gerettet aus dem Strudel, der dich unwiederbringlich wegreißen möchte.

Am Dienstag gehst du zurück ins Krankenhaus. In diesen Nächten wurdest du von den Körpern deiner Kinder genährt, ihr drei dicht zusammengedrängt in einem Bett, in diesen Tagen hast du sie nicht losgelassen. Während sie schliefen und du ihr gleichmäßiges Atmen hörtest, öffnete sich die Nacht und die Angst fiel von dir ab. Du fühlst nur noch vollkommene Liebe. Du weißt, wenn es Gott gibt, ist er hier. Du weißt, dass deine Zeit noch nicht gekommen ist. Nie warst du anwesender in dir. Nie hatte die Welt mehr Sinn. Auch du bist reine Liebe, nichts als Liebe. Die schickst du Aida. Ihr Haar ist silbern, ihr Gesicht ruhig. In diesem Abschied versteht ihr euch perfekt. Du bist dir selbst entkommen. Dir vollkommen bewusst, dass der Tod nur ein leiblicher Tod ist. Der Leib ergibt sich. Doch deiner ist noch nicht bereit, aufzugeben.

Sie wissen nicht, was mit deinem Blut in den wenigen Tagen, die du zu Hause verbracht hast, passiert ist. Die Veränderung grenzt an ein Wunder. *Als ob eine andere Person zurückgekommen ist*, sagt der Anästhesist, endlich zufrieden. Die Operation wird erneut vereinbart, für morgen. Wieder rasieren und klistieren sie dich. Geben dir Beruhigungstabletten. Diesmal schläfst du. Am Morgen ist dein Körper wieder ein Ding, mit dem viele Hände herumhantieren. Du leistest keinen Widerstand. Du weißt, dass alles gut wird. Im OP-Saal wirst du vorbereitet. Der Anästhesist steht über deinen Kopf gebeugt. Sein Gesicht ist besorgt, wachsam, konzentriert. Dein Leben liegt in seinen Händen. Du wirst schnell weg sein und einen Schlaf schlafen, der die Operation möglich macht. Sie wird einwandfrei ablaufen. Bevor du einschläfst, siehst du ihn an und sagst:

»Kennen Sie den, Charlie Brown sagt zu Snoopy: *Eines Tages werden wir alle sterben, Snoopy!* Snoopy antwortet: *Ja, das stimmt, aber an allen anderen Tagen nicht.*«

Er sieht dich ungläubig an. Sein Gesichtsausdruck beginnt sich zu verändern. Du bist schon eingeschlafen, aber dennoch ganz sicher, dass er lacht.

Liste der Körperteile, die ihr verloren habt:

Papa:
– zwei Meter Darm
– großer Zeh vom linken Fuß
– rechtes Bein

Mama:
– linke Brust
– Gebärmutter und Eierstöcke
– Galle

Du:
– rechte Brust
– linke Brust
– Gebärmutter und Eierstöcke

(Deine beiden Brüste teilst du mit Absicht in zwei Teile. Um deine Liste nicht kürzer aussehen zu lassen als ihre. Um die kosmische Linie des Verlierens weiterzuziehen. Du sicherst den Rest deines Körpers ab.)

Dein Bruder ist achtunddreißig Jahre alt und hat einen vollständigen Körper.

Du bist sechsundzwanzig. Deine Tochter wird bald ein Jahr alt. Ihr lebt im Haus deiner Familie, in einer separaten Wohnung im zweiten Stock. Die Eltern sind unten, im ersten. Seit zwei Jahren hat dein Vater kein rechtes Bein mehr. Es war schlicht ein weiterer unbewusster Selbstmord, der misslungen ist. Er sitzt im Rollstuhl. Ihr müsst euch um ihn kümmern. Ihm bei all den Dingen helfen, die er nicht allein tun kann.

Du bist in der Küche. Es ist der zehnte Juni 1999. Du bereitest Babynahrung für deine Tochter zu. Du hältst das Fläschchen in der linken Hand. Schüttest Čokolino hinein. Gibst warme Milch dazu. Auf einmal bemerkst du ein Loch in der Wirklichkeit, als würde die Welt um dich herum auseinanderstreben, einen doppelten Punkt, den Moment, in dem die Dinge von ihrer Bahn abkommen. Deine Hand lässt die Flasche fallen. Die Finger lösen sich einfach. Das dickflüssige Gemisch aus schokoladigem Grieß und dünner Milch verteilt sich in der Küche. Spritzt auf den Boden, den Teppich, die Küchenschränke, sogar an die Decke. Wie ein Vulkan, von dessen Existenz du nicht mal wusstest. Bevor du dich wieder sammeln kannst, klingelt das Telefon. Deine Mutter ruft dich an.

Es geht ihm nicht gut. Wieder sitzt du neben ihm, während ihr auf den Krankenwagen wartet. Wieder ist der Geruch schwer und erdrückend. Diesmal können seine Augen dich nicht fixieren. Der Schmerz ist zu stark. Sein Körper krampft und krümmt sich, ein merkwürdiger Tanz, eine verborgene Implosion. Du weißt, etwas zerspringt in ihm. Etwas Wütendes und Schweres bricht hervor, um endlich Schluss zu machen. Die Worte, die du aussprechen willst, kommen dir nicht über die fest aufeinandergepressten Lippen. Deine Hand sucht wieder die seine. Er spürt das nicht. Er ist schon gegangen, denkst du, bis auf den sich krümmenden Leib ist nichts mehr von ihm da.

Am nächsten Tag, im Krankenhaus, öffnen sie seinen Bauch. Von da rührt der Schmerz. Erschrocken über das, was sie sehen (in welchen bodenlosen Abgrund sie wohl geblickt haben?), beeilen sie sich, ihn wieder zuzunähen. Er erwacht mit noch größeren Schmerzen. Sein labiler, kaputter, einbeiniger Körper springt aus dem Bett. Er versucht, aufzustehen, bewusstlos, wie von Sinnen, versucht, vor allem und vor sich selbst wegzulaufen. Mit dicken Gurten fixieren sie ihn an Armen und Beinen. Die Zuckungen hören nicht auf, bis in die tiefe Nacht, auf die er allein wartet. Sein Tod wird um 1:35 festgestellt. Du weißt nicht, wer an seinem Bett stand, um das Ende bekanntzugeben. Du weißt nicht, ob auch nur eine Hand nach der seinen fasste, um ihn mit einer Berührung zu trösten, kurz bevor alles endgültig verloren war.

Keine zwei Wochen später, noch bevor ihr richtig um ihn trauern konntet, zieht eine neue Krankheit in eure Leben ein. Bei deiner Mutter wird Brustkrebs diagnostiziert. Die Kreise, die ihr durchlauft, sind die Glieder einer Kette, in der es nichts als Krankheit gibt, das weißt du jetzt.

Die Erholung von der vierten Operation dauert lang. Wochenlang. Dein Körper hat sich an den Schmerz gewöhnt. Dein Bett ist groß und leer. In seiner Mitte liegst du ausgestreckt, sehnst dich nach Berührung. Nach Opas Hand, die den Fuß hält. Nach deinem Liebhaber, der stärker ist als die Angst, während seine Körperwärme die Luft unter deiner Decke zum Flimmern bringt. Nach einem Mann, der dich voll und ganz liebt, mit deinem zerbrochenen Leib, fragmentiert wie du bist. Dich, eine Frau, die ein Frauenmerkmal nach dem anderen abwirft. Die Dunkelheit deines Blutes, das einfach keine Ruhe findet. Jemand, der mit seinen Fingern über deinen Körper fahren und alle Furcht aus ihm streichen würde. Manchmal fährst du aus dem Schlaf hoch und spürst, dass er schon da ist, im Zimmer, an deinem Bett. Aus Wolfsaugen blickt er dich an, bis deine Augen sich an die Finsternis gewöhnt haben.

Schweißgebadet wachst du auf. Was da so lichterloh in dir brennt, ist ein überraschendes Sommerfeuer. Die Hitze überfällt dich, raubt dir für einen Moment den Verstand. Laut Gynäkologin wärst du in gesundem Zustand noch gute fünfzehn Jahre nicht in die Wechseljahre gekommen. Derartig viel Östrogen wird in deinem Körper produziert. Du bist das, was als extrem weibliche Frau bezeichnet wird. Vielleicht ist gerade das der Grund, denkst du. Vielleicht ahnest du, dass die Welt kein *Schnittmuster* für so eine Frau zu bieten hat, deshalb vielleicht der beschämende Verrat, das Abstoßen der eigenen Körperteile, das Gefühl, es gäbe immer zu viel von dir, du müsstest was abhacken, um dazuzugehören, um dich einzupassen.

Das Fieber fällt nicht. Deine Brust wird immer größer und immer röter. Du immer müder. Für dich gibt es nur noch deine Müdigkeit und das Datenblatt über die Prozesse in deinem Körper. Du bist besessen vom CRP-Wert, dem Entzündungsindikator im Organismus. Nach der OP wurde er besser, sinkt jedoch noch immer nicht auf den normalen Wert. Es muss sich um eine Entzündung in der Brust handeln. Du packst denselben Koffer, er hat sich bereits an die Strecke Mostar – Zagreb gewöhnt. Fährst zu dem Chirurgen, der dich zwei Mal operiert und mindestens drei weitere Male deine rechte Brust mit physiologischer Kochsalzlösung aufgefüllt hat, durch eine große Nadel, über ein Ventil unter der Haut, das einem versteckten Kopfhörer ähnelt. Er ist unentschlossen. Er weiß nicht, was er tun soll. Alles herausnehmen oder abwarten. Er möchte, dass du entscheidest. Dass diese Entscheidung eigentlich nicht dir zufallen sollte, ist alles, was du weißt.

Du ziehst allein in den Kampf gegen die Entzündung, deren Ursache du nicht kennst. Du nimmst Kurkuma-Tabletten. Oregano-Öl. Tag und Nacht kleben gefrorene Kohlblätter auf deiner Brust. Du versuchst, das Fieber aus ihr herauszuziehen und zu enträtseln, was in dir noch immer nicht wie eine Frau aussehen will, was sich weiterhin abtrennen und losreißen will. Bist dir noch nicht bewusst, wie sehr du Frau bist, eine vollkommene Frau, vollendet und schön, ungeachtet der Form ihres Körpers. Du gibst dir Mühe, noch etwas mehr im Tag unterzukriegen als Umschläge wechseln und Mittagessen zubereiten. Es gelingt dir nicht. Du bist übermüdet. Wie lange du auch schläfst, es reicht nicht. Dieses Bett, aus dem du ein Jahr lang geflüchtet bist, ist nun der einzige Ort, an dem du sein willst.

Bis März hast du so durchgehalten, bis du endlich begriffen hast, dass du nicht mehr kannst. Die rechte Brust ist riesig. Rot. Ohne Brustwarze. Als ob sich etwas Unbekanntes und Großköpfiges von dir losreißen wollte. Wieder holst du denselben Koffer aus der Abstellkammer. Wieder erstreckt sich vor euch die graue Straße, der weite Weg nach Zagreb, in jene Stadt, die tatsächlich zu deinem Krankenhaus geworden ist. Ihr sucht einen neuen Arzt. Einen, der weiß, was zu tun ist. Dir ist klar, dass es zu einer neuen Operation wird kommen müssen. Du musst dich entscheiden, ob du dich nun endlich, dieses Mal endgültig, von deiner rechten Brust trennen willst. Von diesem hervorstehenden Ding an deinem Körper, das vorgibt, eine Brust zu sein. Wirst du sagen, dass alles abgenommen werden soll? Auch die Haut, unter die irgendwann später eine neue Prothese eingesetzt werden kann? Das ist so üblich, wenn es zu einer Entzündung oder Infektion kommt. Die Prothese wird herausgenommen, die Haut stehen gelassen, drei bis sechs Monate abgewartet und eine neue eingesetzt. Das bedeutet zwei Operationen. Oder eine, wenn du sie nicht mehr willst, deine falsche Brust.

Du bohrst tief in dir, ziehst dich in deine Dunkelheit zurück, um herauszufinden, warum du diese Brust so sehr brauchst. Warum nicht ein Leben ohne sie akzeptieren? Ist sie denn wichtig, nach alledem? Müsste sie dir nicht schon längst egal sein? Du weißt, dem ist nicht so. Vielleicht, weil *die* sonst gewonnen hätten. *Die* – dieses unsichtbare und fremde Etwas, das sich gegen dich verschworen hat. Dieser bodenlose Abgrund, der dich am liebsten verschlingen würde. All die Gesichter, die der Tod annimmt, um dich auszutricksen. Du lässt niemanden gewinnen, außer dich selbst. Du bist stärker als das alles. Als der Schmerz. Als alle Tode. Du wirst dich mit Silikon auffüllen lassen, mit diesem Plastikzeug, es als organischen

Teil von dir empfinden. Nicht akzeptieren, dass die Krankheit über das Aussehen deines Körpers entscheidet. Deine Kraft kann nichts zerstören. Wie oft sie dich auch niederringen, du wirst immer wieder aufstehen. Mit allem, was du in dir hast, zuschlagen. Keine Rücksicht auf den Schmerz nehmen. *Unter deinem Druck werd' ich nur stärker*, sagst du dem Tod. Er riecht noch nach Jasmin, vermag seine Spur nicht zu verwischen.

Der neue Chirurg meint, es könne alles auf einmal erledigt werden. Das müsse es auch sofort. Es ist Montag. Ihr steigt ins Auto und fahrt zurück nach Hause. Am Dienstag lässt du dein Blut untersuchen. Es liegt im Grenzbereich, gerade so akzeptabel für eine Operation. Am Mittwoch fahrt ihr wieder nach Zagreb. Am Donnerstag wirst du operiert. Diesmal sind die Schnitte unter den Brüsten. Die Prothesen werden herausgenommen und neue eingesetzt. Der Schmerz ist der Gleiche wie nach der zweiten OP. Der Genesungsprozess derselbe. All das kennst du. All das hast du schon hinter dir. Du denkst nichts. Du fragst nicht, warum. Das hast du dich auch vorher nicht gefragt, kein einziges Mal. Du bist klug genug zu wissen, dass es auf diese Frage keine Antwort gibt, sie könnte dir nur die Kraft rauben.

Die folgenden vier Wochen trägst du wieder Tag und Nacht den großen, unbequemen BH, der wie eine Weste aussieht und die Brüste ruhigstellt. Du hast gelernt, dich so in eine sitzende Position aufzurichten, dass es möglichst wenig wehtut. Du schiebst dir ein zweites Kissen unter den Kopf. Winkelst deine Beine an. Ganz langsam, Zentimeter für Zentimeter, bewegst du dich mit Füßen und Ellbogen von links nach rechts, von rechts nach links, immer höher. Du richtest dich auf, so weit du kannst, verkleinerst den Bogen, den du aus einer Bewegung zurücklegen musst. Du spürst, wie sich die Implantate unter der Haut verschieben, als rutschten sie nach unten, als würden sie an dir hinabschlittern und dabei das Gewebe durchschneiden. Der Schmerz kann dir nichts mehr anhaben. Du leistest ihm keinen Widerstand. Lässt ihn tun, was er tun muss. Er ist vergänglich, du bist ewig. Meistens schweigst du einfach. In deinem Mund ist kein Platz für Worte. Sie sind überflüssig. Auch dies ist einer deiner Tode. Danach kommt das Leben.

Du sitzt im Bett. Alle anderen Gegenstände sind verschwunden, nur noch Nachthimmel um dich herum. Im tiefen Schwarz der Nacht liegt ein Schimmer Blau. Die Sterne sind in Flammen stehende Sonnenblumen. Sie erholen sich vom Drehwurm, endlich im Ruhezustand. Meteoriten treiben umher, die Aufhebung der Zeitdimensionen befreit sie von ihrem Schicksal der Geschwindigkeit. Flammen sinken auf deine Bettwäsche nieder, wie Katzen, die kommen, um dich mit ihren Körpern zu wärmen.

Als Erste kommt Aida herein. Ihre Haut leuchtet im Dunkeln. In ihren Augen liegen Vergangenheit und Zukunft wie zwei Holzboote vor Anker. Ihr Lächeln ist schläfrig, beruhigend. So lächeln jene, für die es keine Geheimnisse gibt. Sie setzt sich auf den Boden neben deinem Bett. Ihr Lächeln sagt dir, dass sie auch die anderen mitgebracht hat.

Du hörst Brokat rascheln, als würde eine Schar Fledermäuse auf euch zufliegen. Ein Strom roter Kleider umfließt dich.

Medeas Augen sind nicht mehr salzig. Medusas Schlangen sind zum Leben erwacht. Die Narben auf den entblößten Brüsten der Amazonen sind Silberfäden, sie wurden von der Mondkönigin hineingewebt. Die Frauen mit den schwarzen Löchern haben nun Kristallzähne in ihren Mündern. Von ihnen prallt Lachen ab, es überschüttet dich. Sie lassen ihre Kleider fallen, es werden rote Wolken daraus, auf denen sie stehen. Ihre Körper sind nackt. Die Haare offen. Sie fassen sich an den Händen. Tanzen. Kreisen ihre Hüften. Aus dem Himmelsgrammophon ergießt sich Bowies *Wild is the Wind*. Kosmische Trommeln schlagen. Ihre Körper sind in Trance.

… You're spring to me, all things to me
Don't you know, you're life itself …[4]

Wie eine Discokugel dreht sich der Mond über euch.

»Wir sind müde vom Tod«, sagen sie, »wir werden jetzt durch deinen Körper leben.«

Langsam betreten sie, eine nach der anderen, deinen Körper, Haut absorbiert Haut, Fleisch schluckt Fleisch, Knochen wachsen zusammen. Du bist jede von ihnen. In dir rauschen tausend Leben. *You are life itself.*

---

4 Wild Is the Wind, Lied von Dimitri Tiomkin und Ned Washington (Musik und Text), 1957. Cover von David Bowie 1976 (Album: Station to Station).

Du wirst benachrichtigt, dass es ein Krankenhauskeim war. Bei einer der früheren OPs hatte sich dein Körper angesteckt. Unmöglich zu sagen, wann. Dieses Detail ist unwichtig. Einige Tage nach der Operation fühlst du dich wesentlich besser. Als wäre in dem Eingangsflur aus deiner Kindheit das Licht angeknipst worden. Alles ist klar und leicht. Das Blut erholt sich. Die neuen Brüste sind prall und schön. Du fühlst, dass sie nicht zu dir gehören, dass sie an dir angebracht wurden, aber nie wirklich ein Bestandteil von dir sein werden, doch das verrätst du keinem. Bei jeder Bewegung spürst du die Trägheit, die sie in die entgegengesetzte Richtung zieht. Es stört dich nicht. Du hast dich daran gewöhnt. Das Auge der rechten blinzelt noch. Du hast keine Lust, die Brustwarze rekonstruieren zu lassen. Stattdessen lässt du dich tätowieren. Ein Mandala in der Größe und Farbe deiner linken Brustwarze. Du stellst die Körpersymmetrie wieder her. Dieser Körper lässt sich lieben. Du hast ihn dir ausgesucht. Er ist weiterhin ein Körper einer Frau, durch all die Metamorphosen hindurch. Schwärmerisch, schön, weich, in sich geschlossen. Ein Körper einer Kriegerin. Zu einer perfekten Form gemeißelt durch all die Niederlagen und Siege. Die Narben, die ihn durchziehen, zeichnen deinen Weg auf der Karte nach. Es ist die wahrhaftigste Erzählung über dich, die Worte nicht fassen können.

Es ist Sommer 2016. Du wirst früh wach. Du gehst laufen. Jeden Tag ein wenig schneller. Dein Körper schneidet die Luft. Je sechs Kilometer, mit einer Geschwindigkeit von sechs Kilometer pro Stunde. Das ist deine optimale Geschwindigkeit. Du gibst dem Körper die Bewegung zurück. Du wiederholst für dich: *Körper ist Bewegung. Bewegung ist Leben.* In diesem Körper bist du jetzt gesund. Dich kann nichts mehr aufhalten.

Deine Welt wurde von Fragen befreit. Nichts stöhnt mehr in deinem dunklen Inneren. Irgendwo unterwegs hat das Kind in dir, das Mädchen, das nur Schmerz empfindet, seinen Frieden gefunden. Die Frau in dir ist bereit, sich zu lieben, in einem Körper, der seine Formen selbst wählt und die Grenzen, die versuchen, seine Vollkommenheit zu schmälern, übertritt. Dein Liebhaber ist fort. Auch M. kommt nicht mehr zu dir. Das ist in Ordnung. Du hast die Kunst des Verlierens perfektioniert. Gelernt, den Schmerz durch dich hindurchziehen zu lassen wie durch ein Sieb. Vielleicht hoffst du noch, eines Nachts jene Wolfsaugen aufleben zu sehen und nach all den Toden Liebe zu finden.

Nur ein Ort ist noch geblieben, den du aufsuchen musst. Du setzt dich ins Auto. Fährst an die Küste. In dieses Dorf auf Pelješac, das dein wahres Zuhause ist. Unter deinen Füßen knirscht der Kies. Vor dir rücken die Weinberge auseinander. Du steigst auf einem schmalen Waldpfad hoch zur Kapelle auf dem Felsen. Auf dem Nachbarhügel, den Jahren standhaltend, steht dein Baum. Dieses Zeichen ist vollkommen ausreichend. Du hast die Steinmauer in deinem Rücken. In der Hand eine Flasche mit schon warm gewordenem Wasser. Du trinkst einen Schluck. Schließt die Augen. Unter dir glitzert das Meer, ein Blau, das singen kann. In der Ferne lassen sich Inseln erahnen, wie Reste vom Plastilin, aus dem die Götter die Erde schufen.